Susanne Motamedi
Richtig streiten – Konflikte lösen

Susanne Motamedi

Richtig streiten – Konflikte lösen

Kreuz

Inhalt

Neue Wege gehen   7

Konflikte als Bedrohung   9
Warum wir Konflikte nicht mögen   9
Warum wir uns verhalten, wie wir uns verhalten   13
Die Ursachen der Angst   17

Konflikte als Chance   19
Konflikte gehören dazu   19
Wie wir reagieren   24
Wie wir versuchen, Konflikte zu vermeiden   27

**Konfliktängste überwinden:
In sieben Schritten zum Ziel**   31
Erster Schritt: Selbstbewusstsein entwickeln   32
Zweiter Schritt: Das eigene Verhalten kennen lernen   36
Dritter Schritt: Die eigenen Gefühle kennen lernen   47
Vierter Schritt: Spannung aushalten können   53
Fünfter Schritt: Bewusster wahrnehmen   57
Sechster Schritt: Eine positive Einstellung verinnerlichen   62
Siebter Schritt: Genauer nachfragen   72

Acht Regeln für kreatives Streiten   80

Ein Blick in die Zukunft   91

Neue Wege gehen

Schon die Worte »Streit« und »Konflikt« rufen bei vielen Menschen ein unangenehmes Gefühl hervor. Sie klingen so hart und machen nervös. Wir denken an Boxkämpfe, an militärische Konflikte oder an die letzte Auseinandersetzung mit unserem Partner. Konflikte verunsichern uns, denn wir wissen nicht, wie wir konstruktiv mit ihnen umgehen können. Zorn, Wut und Aggression leben wir nicht gerne aus, am liebsten haben wir nichts damit zu tun. Warum sollten wir uns also intensiv mit dem Thema befassen? Konflikte sind doch eher die Ausnahme.
Konfliktforscher haben festgestellt, dass Beziehungen zwischen Menschen von Konflikten geprägt sind. Harmonie und Wohlbefinden stehen bei weitem nicht immer im Vordergrund, Auseinandersetzungen sind an der Tagesordnung. Verstehen wir uns mit dem Partner, dem Vorgesetzten und den Kollegen gut, so ist das schön und wir sollten es genießen. Weil wir verschiedene Menschen sind, ist es viel wahrscheinlicher und häufiger, dass wir unterschiedlicher Meinung sind.

In unseren Familien und in der Schule haben wir meistens nicht lernen können, konstruktiv zu streiten. Unsere Eltern haben ihre Unstimmigkeiten in der Regel nicht vor den Kindern ausgetragen, und so finden viele von uns kein Modell, an dem wir uns orientieren können. Wir mögen Konflikte nicht, denn wir wissen nicht, wie wir uns verhalten sollen.
Auch unsere eigene Verhaltensweise in Konflikten ist den meisten von uns nicht bewusst. Wir wissen nicht genau, was uns wütend macht und

warum in bestimmten Situationen immer wieder Missstimmung entsteht.

Manchmal wäre es gut, genauer zu wissen, wie man selbst reagiert. Sich selbst besser zu kennen ermöglicht, das eigene Verhalten zu reflektieren und zu entscheiden, welche Aspekte man beibehalten möchte und welche man verändern sollte. Durch das Bewusstsein des eigenen Tuns werden wir flexibler und erhalten die Möglichkeit, einen bestimmten Weg im Umgang miteinander zu wählen: unseren Weg.

In diesem Buch finden Sie Anregungen und Hilfestellungen, um mit der Angst vor Konflikten umzugehen und konstruktiv zu streiten. Sie lernen neue Wege kennen und werden Ihren persönlichen Weg zur Konfliktbearbeitung gehen. Die ersten Schritte mögen noch unsicher und vorsichtig sein. Aber im Laufe der Zeit werden Sie keinen anderen als Ihren persönlichen Weg mehr einschlagen wollen.

Konflikte als Bedrohung

Warum wir Konflikte nicht mögen

Eine normale Geschichte:

Kaum ist Jutta in der Firma, als ihr Chef ihr entgegen kommt. Im Vorbeigehen sagt er: »Wir müssen dringend heute abend miteinander reden. So geht es nicht weiter. Ich kann mich nicht um alles selbst kümmern. Sagen wir um 18.00 Uhr? Passt Ihnen das?« Jutta nickt. Die Gedanken in ihrem Kopf jagen sich. Was hat sie falsch gemacht? Warum will er mit ihr reden? Was hat sie vergessen? Wieso meint er, er müsse alles selbst machen? Bestimmt geht es um den Auftrag mit der Firma Schulze! Hat sie etwas zugesagt, was sie nicht hätte zusagen dürfen?

Jutta kann sich den ganzen Tag nicht richtig konzentrieren. Ihre entspannte Morgenstimmung ist dahin. Sie fühlt sich angespannt und gestresst. Nichts will ihr von der Hand gehen und sie macht sich Selbstvorwürfe. Warum arbeitet sie auch oftmals so unkonzentriert? Sicher hat sie etwas Wichtiges liegenlassen. Mittags hat sie keine Lust, mit den Kollegen mit zum Essen zu gehen. Sie wandert in der Parkanlage am See entlang und grübelt. Was kann ihr Vorgesetzter kritisieren wollen?

Um 18.00 Uhr fühlt sie sich völlig entkräftet. Ihr Chef ist noch bei einem Auswärtstermin. Um 18.40 Uhr ruft er an, dass er heute nicht mehr ins Büro kommt. Er schlägt vor, am nächsten Morgen miteinander zu reden. Jutta geht geknickt nach Hause. Eigentlich ist heute nichts Außergewöhnliches passiert. Sie fühlt sich aber mutlos und ausgepowert. Zu Hause angekommen, nimmt sie sich einen Pudding aus dem Kühlschrank und kuschelt sich zusammen mit ihrer Katze im Liegestuhl auf dem Balkon. Sie ist so erschöpft, dass sie im Liegestuhl einschläft. Um Mitternacht wechselt sie in ihr Bett. Sie schläft unruhig und träumt von lauter Fehlern, die sie gemacht hat. Ihr Chef steht vor ihr und sieht sie strafend an.
Am nächsten Morgen geht es ihr etwas besser. Sie weiß zwar immer noch nicht richtig, wie sie sich rechtfertigen soll, aber sie will es nun erst einmal auf sich zukommen lassen.
Das Konfliktgespräch mit dem Chef verläuft ganz ruhig. Er macht sie zwar für Dinge verantwortlich, für die sie nichts kann. Aber sie fühlt sich nicht in der Lage zu antworten. Letztendlich ist das auch nicht so wichtig. Hauptsache, er kündigt ihr nicht. Sie schluckt alles und gelobt Besserung. Jutta ist froh, als das Gespräch endlich vorüber ist. Der Konflikt ist überstanden!

**Wir wünschen uns,
dass das Leben konfliktfrei verläuft.**

Ein paar Stunden später ärgert sie sich über sich selbst. Warum ließ sie sich die Schuld für das zuschieben, was die Kollegen zu verantworten haben? Warum ist sie immer so freundlich? Sie hätte doch einfach ruhig und sachlich erklären können, wie es zu dem Zwischenfall gekommen war und welchen Anteil sie an dem Geschehen hatte. Nun steht sie wieder dumm da, soll sich bessern und weiß nicht einmal wie. Ob sie den Chef nochmal um ein Gespräch bitten sollte? Sicher wüsste sie aber auch dieses Mal nichts zu sagen. Eine einzige Frage von ihm würde sie wieder aus dem Gleichgewicht bringen. Jutta merkt, dass der Konflikt noch nicht überstanden ist.

So oder so ähnlich ergeht es den meisten Menschen sehr oft in Konflikt-situationen. Wir fühlen uns unwohl, wenn ein Konflikt im Raum steht. Wir haben Angst davor, ihn auszutragen. Wir finden im richtigen Moment nicht die rechten Worte. Wir können uns nicht selbst verteidi-gen und nehmen alles hin – des lieben Friedens wegen. Wir fühlen uns kraftlos und entmutigt. Und immer wieder stellen wir uns die Frage, warum es so sein muss, warum nicht alles konfliktfrei hat verlaufen kön-nen.

Das, was Jutta erlebt, kennen wir alle aus eigener Erfahrung. Vielleicht ist der Konflikt, an den Sie gerade denken, nicht wegen Absprachen mit dem Chef aufgetreten, sondern es gab einen Konflikt im Team oder Sie sind mit dem Partner oder der Freundin aneinandergeraten. Wir haben das Gefühl, dass Konflikte immer von außen an uns herangetragen wer-den. Wir selbst tragen wenig dazu bei. Uns wäre es sowieso lieber, wenn alle Menschen immer nett zueinander wären.

Betrachten wir Juttas Verhalten genau, so stellen wir fest, dass sie im Grunde genommen nichts tut. Sie wartet ab und nimmt im Gespräch alles hin, ohne sich zu wehren. Sie ist wie gelähmt, kann keinen klaren Gedanken mehr fassen und den Tag nicht mehr genießen. Erst als das Gespräch vorüber ist, kommt sie wieder zu Kräften.

Angst macht uns handlungsunfähig

Weil ihre Angst sie die ganze Zeit beschäftigt, ist Jutta auch nicht in der Lage, sich auf das Gespräch vorzubereiten. Sie kann sich nicht darauf konzentrieren, was ihr Vorgesetzter möglicherweise mit ihr besprechen will. Ihr ist es unmöglich, die entsprechenden Unterlagen zusammenzu-suchen, um ihm darstellen zu können, wie die Dinge verlaufen sind, und um erklären zu können, wer im Team welche Fehler zu verantworten hat. Die Angst macht Jutta handlungsunfähig. Sie sitzt wie das kleine Kanin-chen gelähmt vor der Schlange und ist nicht in der Lage, sich wegzube-wegen. Genau wie ein Kaninchen in dieser Situation erstarrt und nicht mehr wegrennen kann, sind Juttas Gedanken und Gefühle erstarrt. Es kommt erst wieder Leben in ihre Gedanken- und Gefühlswelt, als die Gefahr vorüber ist.

Aber wovor genau hat Jutta Angst? Was kann ihr schlimmstenfalls pas-sieren? Im Gegensatz zu dem Kaninchen schwebt Jutta nicht in Lebensgefahr. Aber sie reagiert so, als könne durch den Konflikt ihr Leben beendet werden. Nichts scheint ihr den ganzen Tag über und die Nacht hindurch wichtiger zu sein als die Hoffnung, der Konflikt könne vermieden werden. Ihre Lebensfreude ist herabgesetzt. Sie kann sich weder über die Abendsonne noch über ihre Katze freuen.

Wenn wir uns bedroht fühlen, reagieren wir, als ginge es um Leben oder Tod.

Diese Reaktion ist eine Verhaltensweise, die zu uns Menschen gehört. Immer, wenn wir uns bedroht fühlen, reagieren wir, als ginge es um Leben und Tod. Die Energie in unserem Körper wird gebündelt und wir bereiten uns auf einen Kampf oder auf eine Flucht vor. Das hat seine Ursache in der Menschheitsgeschichte. Denn in der Steinzeit, in der diese Stressreaktion angelegt wurde, ging eine Bedrohung in der Regel von einem großen, hungrigen Tier aus, vor dem wir flüchteten oder gegen das wir kämpften.
Beides sind Fähigkeiten, die uns in einer tatsächlichen Gefahrensituation auch heute noch hilfreich zur Seite stehen. Denn wir brauchen die Kraft, die hierdurch geschaffen wird, um uns schnell und effektiv wehren zu können, beispielsweise bei einem Überfall.

Es gibt viele Wege, um mit der Angst umzugehen.

In einer Konfliktsituation ist dieses Verhalten allerdings wenig hilfreich. Denn wir sind so mit unseren körperlichen Symptomen und unserem Angstgefühl beschäftigt, dass wir nicht konzentriert nachdenken und eine sinnvolle Lösung für den Konflikt planen können. Wenn die Angst unser Handeln bestimmt, bleibt kein Freiraum für andere Dinge übrig. Deswegen müssen wir erst überlegen, wie wir mit unserer inneren Verunsicherung zurecht kommen, bevor wir uns damit beschäftigen können, wie man am besten mit Konflikten umgeht. Dafür gibt es viele Wege, die wir im Laufe der nächsten Seiten genau betrachten werden.

Warum wir uns verhalten, wie wir uns verhalten

Wann haben wir eigentlich gelernt, dass wir vor Konflikten Angst haben müssen? So konfliktscheu, wie wir uns heute fühlen, sind wir sicherlich nicht auf die Welt gekommen. Im Laufe unserer Entwicklung haben wir aber viele Konflikte und den Umgang damit beobachten können.

In der Regel gibt es ein Modell, an dem wir unser Verhalten abgeschaut haben. Meistens gehört das *Modell* in die eigene Familie. Es sind die Eltern oder die Personen, bei denen wir aufgewachsen sind, die uns beibringen, wie man mit den täglichen Dingen im Leben umgeht. Hier erwerben wir moralische und ethische Einstellungen genauso wie die Fähigkeit, Spaghetti zu kochen, Blumenzwiebeln zu setzen, Pullover richtig herum anzuziehen oder sich gegenüber einem Partner zu verhalten.

Unser Konfliktverhalten haben wir gelernt.

Die meisten Eltern vermeiden es, Konflikte vor ihren Kindern auszutragen. Sie diskutieren hinter verschlossenen Türen oder kehren Konflikte unter den Teppich, um die Kinder nicht unnötig zu belasten. Die meisten Kinder aber haben »Antennen« für unausgeprochene Konflikte. Sie merken, wenn etwas zwischen den Eltern nicht in Ordnung ist. Manches Kind konnte abends nicht einschlafen, weil es spürte, dass »etwas in der Luft hängt«. Das Gefühl bestätigte sich, wenn es nachts die Mutter weinen oder den Vater die Tür schlagen hörte. Andere Kinder vernahmen böse Worte oder wunderten sich, dass Mutter oder Vater plötzlich und unangekündigt für ein paar Tage nicht mehr nach Hause kamen. Das sind keine schönen Erinnerungen an Konflikte zu Hause, und wir brauchen uns nicht zu wundern, wenn wir Angst vor Konflikten entwickelt haben.
Auch wir selbst haben in unseren Familien effektives Konfliktverhalten geprobt und einige Strategien und Verhaltensweisen mit in das Erwachsenenleben genommen.

Schmollender Rückzug

Wenn Papa ihr das gewünschte Eis nicht kauft, schmollt Janina. Manchmal hilft das, denn Papa hat nicht die Kraft, die schmollende Janina lange zu ertragen. Schließlich kauft er ihr das Eis. Die Siebenjährige lernt, dass sie mit Schmollen zu ihrem Ziel kommt.

Auch die siebzehnjährige Annika erreicht ihr Ziel, wenn sie sich nach einem Disput mit ihren Eltern wortlos auf ihr Zimmer zurückzieht. Sie will den Samstagabend gerne mit Freunden verbringen. Ihre Eltern würden sie aber lieber zu Hause bei sich wissen. Annika verzieht sich auf ihr Zimmer. Sie kommentiert das Verbot ihrer Eltern nicht. Wenn das nicht reicht, steigen auch schon einmal die Tränen in die Augen. Erfahrungsgemäß unterhalten die Eltern sich eine Weile darüber, und nach einigen Minuten kommt einer von beiden zu ihr und erlaubt ihr zu gehen. So hat es bisher immer funktioniert und so klappt es auch dieses Mal.

Und die Technik des schmollenden Rückzugs gelingt auch der dreißigjährigen Silke noch. Auch sie schmollt und hält den Mund, wenn ihr Lebensgefährte ihr vorwirft, dass sie zu viel Geld für ihre Kleidung ausgibt.

Dieser Rückzug ins Schweigen ist zwar eine sehr erfolgreiche Strategie, wie die Beispiele zeigen. Allerdings werden Konflikte hierdurch nicht gelöst, sondern nur vertagt, denn einer der Gesprächspartner gibt nach. Wir erreichen zunächst einmal unser Ziel, arbeiten aber nicht an einer konstruktiven Beziehung. Eltern mögen ihren Kindern alles verzeihen. Doch wie sich im Erwachsenenalter der Partner verhält, können wir nicht voraussehen.

Schweigen ist eine Art Liebesentzug.

Denn das Schweigen hat eine strafende Wirkung. »Du machst mich unglücklich! Du bringst mich zum Schweigen!« ist die Botschaft. Sensible Konfliktpartner kann diese Methode sogar erpressen. Denn sie fühlen sich unter Druck gesetzt. Sie bekommen die Verantwortung für das Unglück des anderen zugeschoben. Nehmen sie diese Verantwortung auf sich, ist der Weg für einen konstruktiven Umgang mit dem Konflikt ebenso versperrt.

Die Strategie, sich schweigend und/oder schmollend zurückzuziehen, ist auch eine Art des Liebesentzugs. »Du siehst mich erst wieder, wenn du mir das gibst, was ich möchte«, wird hierdurch vermittelt. Es ist eine Strategie, mit der wir die Auseinandersetzung meiden. Stellen wir uns ihr nicht, dann besteht nicht die Möglichkeit, dass wir eine positive Erfahrung im Umgang mit dem Konflikt machen. Wir sind auf unser bisheriges Verhalten festgelegt.

Dem Rückzug geht einerseits die Erfahrung voraus, dass man damit seine Interessen durchsetzen kann. Zum anderen drückt er aber aus, dass man das Gefühl hat, sich gegen den »stärkeren« Partner ohnehin nicht durchsetzen zu können. Einer sachlichen oder gefühlsorientierten Diskussion fühlen wir uns nicht gewachsen. Der Rückzug birgt die stille Hoffnung, dass der Konfliktpartner von sich aus nachgibt.

> ***Auch unsere Angst vor Konflikten haben wir gelernt.***

Das Ergebnis dieses Verhaltens ist, dass wir bei dem nächsten Konflikt genauso reagieren. Wir bleiben passiv und warten ab. Die einzige aktive Reaktion ist der Rückzug. Wir gehen aber nicht wirklich mit dem Konflikt um oder beteiligen uns an der Lösungsfindung.

Diese stille »innere Emigration« ist häufig von Modellen in der Familie gelernt. Wir haben gesehen und erlebt, wie dieses Verhalten zum Erfolg führte, und wenden es daher immer noch an. Manche Psychotherapeuten nehmen an, dass die Steigerung dieses schmollenden Verhaltens zu psychosomatischen Reaktionen (wie Kopfschmerzen oder Übelkeit zum Beispiel) führen kann. Dazu kommt es nämlich dann, wenn die Umwelt nicht mehr in der erwarteten Form reagiert. Die Symptome können sich steigern bis hin zum Trinken, zu Depressionen und Mager- oder Esssucht.

Denken Sie einmal zurück. Welche Konfliktsituationen aus ihrer Familie kommen Ihnen spontan in Erinnerung? Wie verliefen diese Konflikte? Wie fühlten Sie sich dabei als Kind? Kinder erleben sich meistens machtlos, wenn die Eltern streiten. Man würde am liebsten beide bitten, sich wieder zu vertragen. Konflikte der Eltern sind für Kinder vor allem dann schwer zu ertragen, wenn der Konflikt durch etwas ausgelöst wurde, das die Kinder verursacht haben. Eltern streiten häufig wegen unterschiedlicher Ansichten zur Kindererziehung. Das heißt aber nicht, dass die Kinder Konflikte erzeugen, sondern dass in diesen Auseinandersetzungen Dinge zur Sprache kommen, die sich in einer Zweierbeziehung an anderen Punkten entladen hätte.

Kinder sehnen sich nach Harmonie. Um gut zu wachsen und sich zu entwickeln, brauchen sie konstante Bezugspersonen und eine ausgeglichene Atmosphäre. Kinder fühlen sich schnell verängstigt, wenn sie bemerken, dass ihr Nest erschüttert wird. Denn sie sind von Erwachsenen abhängig. Ihre Existenz steht auf dem Spiel. Sie können nicht einfach weggehen und sagen: »Gut, wenn ihr euch nicht einig werdet, dann suche ich mir eben neue Eltern.« Kinder müssen in der Regel in der Familie aufwachsen, in die sie hineingeboren werden. Sie haben keine Wahl.

Gefühle der Ohnmacht

Deswegen empfinden Kinder Konfliktsituationen als existentiell bedrohlich. Wenn die Eltern streiten, fühlen die Kinder sich ohnmächtig und werden handlungsunfähig. Deswegen entscheiden viele Eltern, heftige Streits nicht vor den Augen und Ohren der Kinder auszutragen. Haben wir dieses Ohnmachtsgefühl als Kind häufig gehabt, so werden wir es mitnehmen, wenn wir erwachsen werden. Entsteht in unserem neuen Umfeld ein Konflikt, reagieren wir so, wie wir es als Kind gelernt haben: Wir fühlen uns ohnmächtig, schauen hilflos dem Geschehen zu und hoffen, dass sich alles zum Guten wendet. Wir fühlen uns bedroht und werden dadurch handlungsunfähig.

> **Die Ohnmachtsgefühle der Kindheit**
> **nehmen wir oft ins Erwachsenenalter mit.**

Die meisten Menschen haben in ihrer Kinderstube nicht gelernt, wie man konstruktiv mit Konflikten umgehen kann. Sie haben nicht erlebt, wie die Eltern Regeln zum Streiten aushandeln und versuchen, den anderen wirklich zu verstehen. Das Vorbild fehlt, und wir können uns nicht vorstellen, wie wir sicher und zufrieden Konfliktsituationen lösen können.

Die Ursachen der Angst

Dass wir nicht wissen, wie wir mit Konflikten umgehen können, und nur wenige positive Beispiele kennen, macht uns natürlich unsicher.

> ### Zwei Dinge fürchten wir bei Konflikten ganz besonders:
>
> 1. Wir haben Angst, die menschliche Zuwendung unseres Konfliktpartners zu verlieren.
>
> 2. Wir haben Angst, unsere eigene Position aufgeben zu müssen.

Die Angst vor Konflikten kommt vor allem auch daher, dass wir bei jedem Konflikt zwei Dinge besonders fürchten:
1. Wir haben Angst, die menschliche Zuwendung unseres Konfliktpartners zu verlieren.
2. Wir haben Angst, unsere eigene Position aufgeben zu müssen.

Beide Ängste sind sehr verständlich, und es gibt kaum einen Menschen, der sich davon freisprechen könnte. Es lohnt sich aber, diese Befürchtungen genauer zu betrachten: Wenn wir Konflikte verschieben, vermeiden oder uns aus Angst passiv verhalten, ist die Gefahr, den Partner zu verlieren oder die eigene Position aufgeben zu müssen, viel größer, als wenn wir eine konstruktive und kreative Möglichkeit haben, den Konflikt auszutragen.

Wir machen uns zu viele Sorgen

Der Angst vor einem Konflikt gehen meistens einige Gedanken voraus: Wir machen uns Sorgen, was passieren könnte.
Besorgtheit ist zweifelsohne eine sehr wichtige Fähigkeit, die wir einsetzen können, um konstruktiv über ein Problem nachzudenken und ver-

schiedene Lösungsmöglichkeiten zu entwickeln. Wir bemerken, dass die Situation eine Gefahr birgt, und stellen uns innerlich darauf ein. Wir konzentrieren uns auf das bevorstehende Ereignis – manchmal so sehr, dass alles andere nebensächlich wird. Wir probieren gedanklich alles durch, was schiefgehen könnte, und suchen Möglichkeiten, um damit umzugehen. Wir nehmen Gefahren vorweg, bevor sie auftauchen, und können so ein geeignetes Vorgehen überlegen.

Angst lähmt das Denkvermögen und macht passiv.

Problematisch wird es erst dann, wenn wir uns übermäßige Sorgen über den Ausgang eines Konfliktes machen. Das sind innere Dialoge, die uns auf keine optimistische und kreative Fährte führen, sondern unsere Angst vor einem negativen Ausgang nur verstärken. Diese Angst lähmt unser Denkvermögen und lässt uns passiv werden. Alles Geschehen wird durch einen ängstlichen Hintergrund begleitet. Wir entfernen uns immer weiter von kreativen und konstruktiven Lösungsmöglichkeiten.

Zusammenfassung

Die Angst vor Konflikten: Wichtige Gedanken

Konflikte sind ärgerlich, da wir nicht wissen, wie wir konstruktiv mit ihnen umgehen können. Unsere Angst macht uns handlungsunfähig.

Deswegen sollten wir neue Wege finden, um mit der Angst umgehen zu können. Unser Ziel ist, Konflikte aus der Perspektive eines Erwachsenen zu betrachten und nicht mehr in Verhaltensweisen zurückzufallen, die wir in der Kindheit erworben haben.

Konflikte als Chance

Konflikte gehören dazu

Im Leben verläuft nicht alles so, wie wir es gerne hätten. Wir leben nicht als Engel im Paradies, sondern als ganz normale Menschen auf der Erde. Deswegen gibt es für jeden von uns Höhen und Tiefen im täglichen Leben. Freudige und schöne Momente zeichnen sich besonders dadurch aus, dass sie nicht dauerhaft und anhaltend sind. Würden wir immer im »siebten Himmel« weilen, wären wir uns unseres Glückes nicht bewusst und könnten unser Leben nicht genießen. Um eine energiereiche Einstellung gegenüber Konflikten zu bekommen, ist es wichtig zu akzeptieren, dass sie zu unserem Leben genauso dazugehören wie glückliche Momente und vertrauensvolles Miteinander.

Außerdem bergen Konfliktpotentiale die Chance, etwas neu zu gestalten, das uns bereits gut gefällt. Ohne dass wir an Grenzen kommen, können wir nichts anderes ausprobieren, Neues hinzugewinnen und Gegebenheiten verändern. Wir würden auf einem bestimmten Status stagnieren. Stillstand ist gleichzusetzen mit dem Ende des Glücks. Wo sich nichts bewegt, kann nichts gedeihen. Und wo nichts gedeiht, verblüht das Bestehende. Wir können unsere Zufriedenheit nur durch eine flexible innere Haltung bewahren.

Die Begegnungen mit anderen Menschen sind zu komplex, als dass sie immer nach einem von uns gewünschten Schema verlaufen könnten. Wir Menschen haben zu unterschiedliche Ziele und Interessen.

Stellen Sie sich einmal vor, wir würden uns immer reibungslos miteinander verstehen. »Schön«, werden Sie nun sagen, »das wäre eine Welt, in der ich mich wohl fühlen würde.« Spinnen wir diesen Gedanken doch einmal zu Ende. Würden wir uns mit allen Menschen, die uns begegnen, immer nur gut verstehen, dann bräuchten wir nach einiger Zeit nicht ein-

**Die Unterschiedlichkeit der Menschen
macht das Leben erst interessant.
Stillstand bedeutet das Ende des Glücks.**

mal mehr miteinander zu sprechen, denn wenn es keine verschiedenen Meinungen gäbe, wüssten wir, was andere Menschen denken und fühlen. Jedes Gespräch, jede Auseinandersetzung wäre überflüssig, denn wir wüssten vorher schon, was der andere sagen möchte und worauf er hinaus will.

Die Verschiedenheit der Menschen macht Begegnungen erst interessant. Durch die Unterschiedlichkeit entstehen lustige Momente, kuriose Dinge und wunderbare Situationen. Natürlich entstehen aber auch genau durch diese Verschiedenheit Missverständnisse und Konflikte. Lernen wir, die schönen Momente zu genießen und mit Konflikten kreativ umzugehen, werden wir das zwischenmenschliche Miteinander als anregend und befruchtend erleben und sind nicht mehr gestresst oder hand-

Die Welt ist nicht so, wie wir sie gerne hätten.

lungsunfähig, wenn wir merken, dass ein Gespräch auf einen Konflikt hinausläuft. Wir stellen einfach fest, dass es zu einem bestimmten Punkt offensichtlich unterschiedliche Ansichten gibt, und überlegen ruhig und gelassen, welcher Punkt es ist und wie eine Einigung erzielt werden kann. Es gibt keinen Grund, sich bei einem Konflikt ängstlich in sein Kaninchenloch zurückzuziehen, es sei denn, man hat die Auffassung, dass andere Menschen sich so verhalten *müssen*, wie man selbst es gerne hätte.

Wenn wir glauben, dass die Welt so sein müsste, wie wir sie uns wünschen, dann werden wir lernen müssen, mit vielen Enttäuschungen zu leben. Wir müssen die Welt erst einmal nehmen, wie sie ist. Wir werden andere Menschen kaum verändern können, so sehr wir es auch manchmal versuchen.

Verletzungen

Angenommen, wir sind der Auffassung: »Andere dürfen mich nicht verletzen!«, dann können wir sicher sein, dass dies dennoch eintritt. Unsere Einstellung wird uns nicht vor den Realitäten des Lebens bewahren können. Genauso wie Glück und Freude ein fester Bestandteil von zwischenmenschlichen Beziehungen sind, gehören Verletzungen auch hinzu. Andere Menschen werden uns also verletzen. Das geschieht aber nicht etwa, weil die anderen Menschen sich nicht benehmen können und Konflikte bewusst produzieren wollen, sondern einfach aus dem Grund, dass wir in bestimmten Situationen unterschiedliche Interessen verfolgen. Mit manchen unserer Ziele treten wir anderen vielleicht auf die Füße, ohne sie bewusst verletzen zu wollen.

> *Genauso wie Glück und Freude ein fester Bestandteil von zwischenmenschlichen Beziehungen sind, gehören Verletzungen auch hinzu.*

Manchmal ist es hilfreich zu überlegen, ob wir nicht auch selbst schon einmal jemanden verletzt haben. Wie ist das geschehen? Haben wir bewusst versucht, dem anderen weh zu tun? Vielleicht lag das auch nicht in unserer Absicht, aber der andere fühlte sich dennoch angegriffen? Vielleicht haben wir jemanden verletzt, wissen es aber nicht? Möglicherweise traute sich der andere nicht, uns seine Gedanken und Gefühle mitzuteilen?

Manche Menschen fühlen sich schnell verletzt, andere können einiges ertragen. Es gibt keine psychische Verletzung an sich, sondern ein Mensch tut oder sagt etwas, und der andere empfindet dieses Geschehen als verletzend. Die Tiefe der Kränkung bestimmt sich durch das individuelle Empfinden, nicht durch die Äußerung oder die Handlung an sich. Wir selbst bestimmen den Grad, in dem wir uns angegriffen fühlen. Ein Beispiel macht das deutlich:

Bringt uns der Partner zum Geburtstag keine Blumen mit, so können wir darüber enttäuscht und verletzt sein. Wir können ihm Vorwürfe machen,

Den Grad der Verletzung bestimmen wir selbst mit.

in der Hoffnung, dass er im nächsten Jahr daran denkt. Vergisst er es zum zweiten Mal, wird sich unsere Verletzung steigern. Wir haben aber auch die Möglichkeit, uns ganz anders zu verhalten. Wir können uns überlegen, warum wir unsere Zufriedenheit davon abhängig machen, ob uns der Partner Blumen mitbringt. Können wir nicht selbst bestimmen, wie wir uns fühlen? Ist es denn wirklich sinnvoll, das innere Gleichgewicht von äußeren Einflüssen abhängig zu machen? Gibt es nicht viele wesentlichere Dinge im Leben als genau diese Tatsache? Kommen wir zu der Auffassung, dass es andere Dinge gibt, von denen wir unser Glück

Die Dinge an sich können wir nicht verändern.
Wir können nur entscheiden, ob, wie lange
und wie sehr wir darüber unglücklich sein wollen.

und unsere Zufriedenheit abhängig machen wollen, dann sollten wir dafür sorgen, dass diese eintreffen, und an ihnen arbeiten.

Beispielsweise kann es viel wichtiger sein, dass der Partner sich liebevoll um das Kind kümmert, als dass die roten Rosen pünktlich auf dem Tisch stehen. Die Dinge an sich können wir nicht verändern. Wir können nur entscheiden, ob, wie lange und wie sehr wir darüber unglücklich sein wollen.

Der eigene Anteil am Konflikt

Für Konflikte gibt es immer zwei Erklärungsversuche. Entweder wir suchen die Ursache in der Umwelt und bei den anderen Menschen, oder wir sehen unseren eigenen Anteil am Konfliktgeschehen.
Suchen wir die Gründe für einen Konflikt ausschließlich bei anderen Menschen, ohne unser eigenes Zutun zu dem Konflikt erkennen zu können, werden wir in der zwischenmenschlichen Kommunikation oft unangemessen reagieren.

> *Seit einiger Zeit wirft Karina ihrem Mann Philipp verletzende Dinge an den Kopf. Sie bezeichnet ihn als lieblos und gemein, manchmal sogar als egoistisch. Philipp empfindet diese Vorwürfe als Herabsetzung seiner Person. Er fühlt sich angegriffen. Er ist sich nicht sicher, ob er ebenfalls aggressiv reagieren soll oder ob er sich besser zurückzieht.*

Manchmal ärgern wir uns auch über eine Situation, ohne zu berücksichtigen, dass wir uns selbst hineinmanövriert haben.

Wäre Philipp in der Lage, das Verhalten von Karina als eine Folge von Enttäuschungen wahrzunehmen, an denen er beteiligt ist, könnte er angemessener reagieren und mit Karina ins Gespräch kommen.
Manchmal ärgern wir uns auch über eine Situation, ohne zu berücksichtigen, dass wir uns selbst hineinmanövriert haben. Auch in solchen Fällen ist es besser, an sich selbst zu arbeiten, anstatt anderen die Schuld in die Schuhe zu schieben.
Verbringen wir beispielsweise jeden Tag über zwölf und mehr Stunden am Arbeitsplatz, sollten wir nicht nur auf den Vorgesetzten schimpfen, der uns zu viel belastet, sondern auch überlegen, welche Arbeitsgänge wir in welcher Form rationaler gestalten können.

Wie wir reagieren

Konflikte entstehen immer dann, wenn Menschen miteinander in Kontakt treten. Die Unterschiedlichkeit in den Ansichten und den Empfindungen führt dazu, dass wir miteinander ins Gespräch kommen. Wir können unsere eigenen Standpunkte überprüfen, erweitern unser Wissen, erhalten neue Ideen und nehmen neue Impulse mit. Das ist die positive Seite des zwischenmenschlichen Austausches, die uns glücklich macht und das Leben bereichert. Verschiedene Auffassungen führen aber auch hin und wieder zum Konflikt.

Eine wesentliche Rolle spielt unsere innere Haltung im Konfliktgeschehen. Bewältigen wir gerade innerlich einen Konflikt, können wir nach außen hin nicht so ruhig und gelassen reagieren, wie wenn wir mit uns selbst im Reinen sind.

Innerer Konflikt Nr. 1: Kränkung

Veronika gerät immer in eine ängstliche Stimmung, wenn sie von jemandem gekränkt wird. Erfährt sie von einer Kollegin, dass man beim Mittagessen in ihrer Abwesenheit über sie gesprochen hat, dann ist sie einerseits wütend über die Kollegen, andererseits fragt sie sich innerlich, inwiefern sie sich in den letzten Tagen schlecht verhalten hat und welche Kritikpunkte zur Sprache gekommen sein werden. Diese innere Unsicherheit zeigt sie nach außen, indem sie sich von den Kollegen distanziert und sich zurückzieht. Der innere Konflikt wird nach außen hin deutlich.

Innerer Konflikt Nr. 2:
Ein Ziel wird nicht erreicht

Weiteres Konfliktpotential ist gegeben, wenn wir von einem angestrebten Ziel abgehalten werden. Angenommen, Sie suchen in den Wohnstraßen Ihres Lieblingsviertels einen Parkplatz, weil Sie mit Freunden in einem Restaurant verabredet sind. Nach einigem Suchen sehen Sie glücklicherweise jemanden, der mit einem Autoschlüssel in der Hand auf ein Auto zusteuert. Sie fragen den freundlichen Menschen, ob er wegfährt. Sie warten auf der anderen Straßenseite, bis er sein Ausparkmanöver abgeschlossen hat, und bereiten sich darauf vor, einzuparken. Genau in diesem Moment kommt ein kleines Auto um die Ecke geflitzt und ist auch schon in die Parklücke geschlüpft. Jetzt sind Sie natürlich wütend, da Sie von Ihrem Ziel abgebracht wurden. Sie steigen aus und schimpfen, aber der Fahrer des kleinen Flitzers lässt sich nicht irritieren. Der entstandene Konflikt beschäftigt Sie noch lange. Sie wägen ab, wie Sie sich in der Situation besser verhalten hätten, und schmieden Pläne, um sich zu rächen. Nach außen hin sind Sie unkonzentriert, da Sie die innere Diskussion voll und ganz beansprucht.

Innerer Konflikt Nr. 3: Enttäuschung

Oft wissen wir auch nicht, wie wir reagieren sollen, wenn wir enttäuscht sind. Gregor wartet an einer U-Bahn-Haltestelle auf seine Freundin. Er ist enttäuscht darüber, dass sie ihn warten lässt. Schließlich weiß sie, dass er an einem ungemütlichen Platz steht, und könnte sich ein bisschen beeilen. Gregor ist frustriert, weil er sich nicht ernst genommen fühlt. Als sie endlich aus dem U-Bahn-Schacht auftaucht, ist Gregor unsicher, ob er sich freuen, oder ob er wütend reagieren soll. Einerseits möchte er mit ihr gerne einen schönen Abend verbringen. Andererseits möchte er nicht bei jeder weiteren Verabredung stehen gelassen werden.
Aus Angst, den schönen Abend zu verderben, sagt Gregor lieber nichts. Aber seine Freundin bemerkt, dass er nicht ganz bei der Sache ist. Er wirkt zerstreut.

Innerer Konflikt Nr. 4: Eine Regel wird verletzt

Ein weiterer Fall, in dem es zum inneren und damit auch zum äußeren Konflikt kommt, ist, wenn jemand eine Regel verletzt, die Sie für absolut selbstverständlich und gültig halten. Angenommen, Sie bestellen gemeinsam mit jemandem im Restaurant eine Flasche Wein. Ihr Gesprächspartner trinkt die Flasche fast alleine aus, ist aber nicht daran interessiert, eine neue Flasche zu bestellen, denn er hat keinen Durst mehr. Möchten Sie ein weiteres Glas Wein trinken, können Sie eine neue Flasche bestellen, auf eigene Kosten versteht sich.

Der Konflikt begleitet Ihr Gespräch, denn er macht sich nach außen hin bemerkbar. Sie werden wortkarger und uninteressierter an Ihrem Gegenüber.

Ursachen für innere Konflikte:

1. Man fühlt sich gekränkt.

2. Ein angestrebtes Ziel kann nicht erreicht werden.

3. Man fühlt sich nicht wertgeschätzt.

4. Eine Regel wird verletzt, die man für selbstverständlich hält.

Fragt Gregors Freundin, warum er an diesem schönen gemeinsamen Abend so schweigsam ist, wird er versichern, dass alles in Ordnung sei. Möglicherweise ist Gregor aber tatsächlich schweigsamer als sonst, denn er verarbeitet einen inneren Konflikt. Wäre er in der Lage, in einem ruhigen und fairen Ton mit seiner Freundin über seinen Unmut zu sprechen, könnte der Abend im Anschluss daran unbeschwerter verlaufen. Der Konflikt würde nicht mehr zwischen Gregor und seiner Freundin stehen.

Wie wir versuchen, Konflikte zu vermeiden

Eigentlich ist Anna nicht die Person, die alles auf sich sitzen lässt. Wenn aber ihre Kollegin Sybille zu ihr kommt und sie in ihrer dreisten Art bittet, etwas für sie zu erledigen, weil Sybille wieder einen wichtigen Termin hat, so kann sie einfach nicht nein sagen. Sybilles wichtige Termine entpuppten sich im Nachhinein schon oft als Schwimmbadbesuche, Kinoverabredungen oder andere nette Dinge, zu denen Anna kaum noch Zeit hat, seit sie mit Sybille gemeinsam das neue Projekt betreut.

Anna wird in ihrer Zusammenarbeit zunehmend frustrierter, scheut sich aber, den Konflikt mit Sybille auszutragen. Anna befürchtet, dass Sybille kurz und schnippisch auf ihr Gesprächsangebot reagieren würde. Dann wüsste Anna wieder nicht, was sie sagen sollte. Mit dieser selbstsüchtigen Art von Sybille kommt Anna nicht zurecht, auch die anderen Kollegen und Kolleginnen haben ihre Schwierigkeiten.

Wenn wir Konflikte nicht austragen, bleibt oft eine Frustration zurück. Und wenn wir immer wieder frustriert werden, entwickeln wir ein gereiztes Verhalten. Wir sind unfreundlich gegenüber unserem Partner oder gegenüber anderen Kollegen. Jede Kleinigkeit bringt uns aus der Ruhe, oder aber wir richten unsere Aggression nach innen, gegen uns selbst.

Unausgetragene Konflikte frustrieren.

Auch wenn wir selbst meinen, dass wir wegen der Frustrationen, die wir täglich einstecken, nicht gleich aggressiv werden, bemerken wir doch, dass wir nicht mehr so ausgeglichen sind wie vorher. Die Verspätung der Straßenbahn, die Schlangen im Supermarkt und das fehlende Papier im Kopierer regen uns mehr auf als normalerweise. Sind wir sonst ausgeglichene Gemüter, so erhitzen wir uns hier überdurchschnittlich. Wir beschimpfen die Dinge und machen uns so selbst traurig. Wir bemerken keinen Sonnenstrahl und übergehen das Lächeln anderer Menschen.

Die Tendenz, sich aggressiv zu verhalten, ist umso größer, je frustrierter wir sind. Kann Anna sich gegen *einen* Übergriff von Sybille nicht wehren, so wird sie das nicht so belasten, als wenn sie *ständig* das Gefühl

Erfolgreiche Teams unterscheiden sich von weniger erfolgreichen vor allem durch ihre Konfliktfähigkeit.

hat, für sie mitarbeiten zu müssen. Die frustrierenden Erlebnisse häufen sich manchmal so lange, bis das Fass zum Überlaufen voll ist. Wir streiten dann mit jedem, haben einen rüden Ton am Leibe oder verhalten uns ungehobelt, obwohl es hierfür keinen rechten Grund gibt. Bei Teams stagniert die Zusammenarbeit, weil Konflikte im Team eher vermieden als offen angesprochen werden. Umfragen belegen, dass sich erfolgreiche Teams von weniger erfolgreichen Teams vor allem durch ihre Konfliktfähigkeit unterscheiden.

Das gleiche Phänomen ist im privaten Bereich von Ehen oder zusammenlebenden Personen bekannt. Beide sind eine ganze Weile dazu bereit, Konflikte zu vermeiden, Verletzungen hinzunehmen und nicht jeden Unmut auszudiskutieren. Das geht manchmal einige Jahre so, bis an irgendeiner minimalen Differenz das Fass zum Überlaufen gebracht

Verbissene Kämpfe über Kleinigkeiten stehen gewöhnlich für andere Themen, die nicht diskutiert werden.

wird. Paare streiten über Dinge, die einem ausgeglichenen Gemüt irrelevant erscheinen. Zum Beispiel können sich Scheidungskandidaten erbitterte Gefechte darüber liefern, ob die Zahnpastatube aufzurollen ist oder nicht, ob man die Butter von oben oder von der Seite anschneidet oder ob die Tür zum Bad tagsüber verschlossen sein muss.

Alle diese Kleinigkeiten übersehen wir gerne in der ersten Phase der großen Liebe. Im Alltag scheinen sie übermächtig zu werden und uns wieder einzuholen. Wenn das die normale Dynamik des Zusammenlebens wäre, gäbe es binnen kürzester Zeit mit gutem Grund nur noch Single-Haushalte. Die verbissenen Kämpfe über Kleinigkeiten stehen in der Regel für andere Themen, die aus irgendeinem Grund nicht diskutiert werden dürfen. Das sind Themen, die in der Ehe oder der Partnerschaft tabu sind. Wir verlagern die Thematik und können so der lange angestauten Frustration ihren freien Lauf lassen.

Ob wir Konflikte austragen können oder ob wir Angst davor haben, hängt im Wesentlichen von unserer Lernerfahrung ab. Genauso haben wir auch gelernt, wie man mit Frustration umgeht. Können wir sie verarbeiten? In welcher Weise macht sich Aggression bemerkbar?

Aggression kann sich auch nach innen richten

Viele Menschen sind nicht nach außen hin aggressiv, sondern richten ihre Frustration gegen sich selbst. Sie machen sich Vorwürfe, reden sich schlecht zu und sorgen für das nächste frustrierende Erlebnis, um sich zu beweisen, dass sie »nichts taugen«. Das geht so weit, dass manche Menschen sich selbst bestrafen.

Anna, die nicht mehr die Arbeit von ihrer Kollegin Sybille erledigen möchte, könnte sich selbst herunterputzen, indem sie zu sich sagt: »Wenn du zu doof bist, dich zu wehren, dann geschieht es dir recht, wenn du bis abends um 20.00 Uhr im Büro sitzt. Du bist selbst daran schuld. Aber du hast dich noch nie wehren können. Immer wurdest du von allen ausgenutzt...«

Nun, das klingt nicht gerade motivierend. Wir können sicher sein, dass Anna aufgrund dieser inneren Standpauke ihr Verhalten nicht verändern wird. Dafür müsste sie einen Weg finden, um liebevoller mit sich selbst umzugehen.

Zusammenfassung

Konflikte als Chance betrachten: Wichtige Gedanken

Das tägliche Leben ist durch Höhen und Tiefen geprägt. Erst die Unterschiedlichkeit der Menschen macht das Leben interessant.

Werden wir von anderen Menschen verletzt, ist es hilfreich zu überlegen, welchen eigenen Anteil wir an dieser Verletzung tragen. In manchen Fällen vergrößern wir die Verletzung durch unsere eigenen Gedanken und Gefühle.

Viele Lösungsmöglichkeiten für Konflikte liegen in unserem eigenen Handeln. Diese sollten wir versuchen herauszufinden. Konflikte sind vor allem dann schwierig zu verarbeiten, wenn sie auf einen inneren Konflikt zurückgehen. Fühlen wir uns gekränkt, haben wir ein Ziel nicht erreicht, sind wir enttäuscht oder sehen wir eine Regel verletzt, die wir für selbstverständlich halten, dann verlieren wir unsere Kraft und fühlen uns nicht mehr in der Lage, angemessen zu reagieren. Wir müssen erst den inneren Konflikt bearbeiten, um nach außen hin kreativ handeln zu können.

Meistens ziehen wir uns zurück und lassen uns durch den unausgetragenen Konflikt frustrieren. Das führt dazu, dass wir uns in einer anderen Situation gereizt gegenüber uns selbst oder gegenüber jemand anderen aggressiver als gewöhnlich verhalten.

Konfliktängste überwinden: In sieben Schritten zum Ziel

Wenn wir einen Fluss überqueren wollen, so können wir das in der Regel nicht mit einem großen Sprung tun, sondern gehen Schritt für Schritt über eine Brücke. Wenn wir unser Verhalten ändern wollen, müssen wir – sinnbildlich gesprochen – einen Fluss überqueren, um mit neuen Sichtweisen auch neue Verhaltensweisen zu entwickeln. Schritt für Schritt kommen wir zum Ziel.

Erster Schritt:
Selbstbewusstsein entwickeln

Menschen, die wenig Selbstwertgefühl haben, fühlen sich schneller verletzt und angegriffen als andere Menschen. Sie reagieren eher passiv und lassen sich schneller überrumpeln als andere.

Um unser Selbstwertgefühl zu stärken, sollten wir uns vergegenwärtigen, welche Rechte wir auf der Erde und gegenüber anderen Menschen haben. Die amerikanischen Frauenrechtlerinnen Lynn Z. Bloom, Karen Coburn und Joan Pearlman haben das einmal in ihrem Buch »Die selbstsichere Frau« (1975, dt. 1990) zusammengestellt:

Unsere Rechte:

1. Das Recht, mit Respekt behandelt zu werden.

2. Das Recht, eigene Gefühle und Meinungen zu haben und diese zu äußern.

3. Das Recht, angehört und ernst genommen zu werden.

4. Das Recht, eigene Prioritäten zu setzen.

5. Das Recht, nein zu sagen, ohne sich schuldig zu fühlen.

6. Das Recht, Wünsche zu äußern.

7. Das Recht, das zu bekommen, wofür ich bezahlt habe.

8. Das Recht, von Fachleuten Informationen zu erhalten.

9. Das Recht, Fehler zu machen.

10. Das Recht, gelegentlich auf Selbstbehauptung zu verzichten.

Zehn Rechte scheinen auf den ersten Blick nicht besonders viel zu sein. Konzentrieren wir uns aber auf sie, um sicher zu sein, dass wir zumindest diese zehn Rechte wahrnehmen. Wir werden feststellen, dass wir tagtäglich mit ihnen konfrontiert sind und sie nicht immer wahrnehmen.

Gehen wir sie noch einmal durch und erinnern wir uns, wann wir diese Rechte zuletzt wahrgenommen haben:

Unsere Rechte	Ich nehme dieses Recht meistens wahr	Ich nehme dieses Recht meistens nicht wahr	Wann habe ich dieses Recht zum letzten Mal wahrgenommen?
1. Mit Respekt behandelt werden.			
2. Gefühle und Meinungen haben und diese äußern.			
3. Angehört und ernst genommen werden.			
4. Prioritäten setzen.			
5. Nein sagen, ohne sich schuldig zu fühlen.			
6. Wünsche äußern.			
7. Bekommen, wofür ich bezahlt habe.			
8. Von Fachleuten Informationen erhalten.			
9. Fehler machen.			
10. Gelegentlich auf Selbstbehauptung verzichten.			

Füllen wir diese Tabelle gewissenhaft aus, dann bemerken wir schnell, dass wir uns manche dieser zehn Rechte nur selten zugestehen. Nein zu sagen, ohne uns schuldig zu fühlen, wie es Recht Nummer 5 vorschlägt, erscheint uns zum Beispiel manchmal schwierig umzusetzen.

Angelika sagt beispielsweise oft frei heraus Nein, wenn ihr etwas zuviel ist. Sie hat es erst kürzlich wieder gesagt, als ihr Mann sie bat, zwischendurch schnell drei Kuchen für seine Geburtstagsfeier in der Firma zu backen. Dennoch kreisen zwei Tage lang die Gedanken in ihrem Kopf: »Hätte ich nicht doch Ja sagen sollen? Soviel Arbeit ist es schließlich auch nicht! Wie steht er nun vor den Kollegen mit dem gekauften Kuchen da? Die anderen Frauen backen ja auch bei jeder Gelegenheit.« Nach zwei Tagen mit Zweifeln hatte sie der Alltag mit ihren drei Kindern wieder eingeholt.

Sich ein Recht zu nehmen ist leichter, als sich ein Recht selbstverständlich zu nehmen und nicht mehr darüber nachzudenken, ob das auch richtig war.

Ein Bewusstsein von sich selbst zu haben trägt dazu bei, Handlungen reflektierter zu machen. Wir reagieren dann nicht mehr automatisch und starr. Erst wenn wir wissen, wie wir handeln möchten, können wir uns in diese Richtung verändern. Den Geist und die eigene Verhaltensflexibilität müssen wir genauso zielgerichtet trainieren wie die Arm- oder Beinmuskulatur. Nichts verändert sich von alleine. Wir müssen es wollen und bewusst diesen Weg wählen.

Wer bewusst mit sich selbst umgeht, also seine Rechte als Person wahrnimmt, kann Konflikte zielgerichtet und sicher austragen. Die Beteiligten werden das zu schätzen wissen und sich über eine faire Behandlung freuen.

Ein gesellschaftliches Tabu

Konflikte werden in unserer Gesellschaft wie ein Tabu behandelt. Man diskutiert und streitet nicht, sondern ist nett zueinander und gleicht eher aus, als dass man aggressiv Position bezieht. Dieses Verhalten wird insbesondere von Frauen erwartet, und so prägen uns Erziehung und Kultur in diese Richtung. Wir lernen Auseinandersetzungen nur als trennendes Element kennen, die verbindende Komponente des Streitens bleibt uns verborgen.

Untersuchungen belegen, dass Frauen häufiger mit einem niedrigen Selbstwertgefühl kämpfen als Männer. Sie haben aufgrund ihrer sozialen Rolle gelernt, sich unterzuordnen und ihre persönlichen Bedürfnisse zugunsten anderer Menschen zurückzustellen. Natürlich trifft das nicht auf alle Frauen zu, denn sonst wäre Sybille nicht in dieser Art gegenüber Anna aufgetreten und würde versuchen, ihr die Projektarbeit alleine zuzumuten. Auch kann man belegen, dass sich dieses Phänomen nach und nach verändert. Manche Leute meinen, dass in ein bis zwei Generationen kein Unterschied im Selbstwertgefühl von Männern und Frauen mehr gefunden werden kann.

Zusammenfassung

Erster Schritt: Selbstbewusstsein entwickeln Wichtige Gedanken

Je mehr Selbstwertgefühl wir haben, umso leichter nehmen wir unsere Rechte wahr, ohne uns im Nachhinein schuldig zu fühlen. Sich selbst zu kennen trägt dazu bei, Handlungen flexibler und reflektierter zu gestalten.

Zweiter Schritt: Das eigene Verhalten kennen lernen

Mit unserem neuen Selbstbewusstsein haben wir einen großen Schritt in die richtige Richtung getan. Hierauf aufbauend, sollten wir nun unsere Verhaltensweisen reflektieren, um neu mit ihnen umgehen zu können. Genauso, wie wir uns oft unserer Gedanken und Gefühle nicht bewusst sind, wissen wir manchmal auch nicht genau, wie wir reagieren. Welche Strategien wählen wir, wenn wir auf einen Konflikt zusteuern?

Zuvor werfen wir aber noch einen Blick auf Möglichkeiten, um mit unserer Ängstlichkeit konstruktiv arbeiten zu können.

Allgemeine Ängstlichkeit

Sind wir im allgemeinen ein ängstlicher Typ, so versuchen wir mögliche Gefahrensituationen zu vermeiden. So ist es verständlich, dass wir auch Konflikten gerne aus dem Weg gehen, denn hier sehen wir eine Gefahr: Wir könnten verletzt werden.
Allgemeinem ängstlichen Verhalten können wir konstruktiv begegnen, indem wir uns vor einer konfliktreichen Situation überlegen, was schlimmstenfalls schief gehen könnte. Was kann im »worst case« – im schlimmsten Fall – auf Sie zukommen? Was passiert, wenn Sie jemand verletzt? Wie können Sie auf einen Angriff reagieren? Was für Lösungsmöglichkeiten sehen Sie für den Konflikt?

Konzentrieren Sie sich auf Details

Beschäftigen wir uns damit, was schlimmstenfalls passieren kann, so kommen wir in der Regel zu Ergebnissen, die nicht so sehr bedrohlich sind, wie wir zunächst befürchteten. Unsere diffuse Angst lässt den Konflikt viel unheimlicher und schlimmer erscheinen, als wenn wir uns über die eine oder andere Konsequenz Gedanken machen. Je konkreter wir gedanklich die Sache durchgehen, umso mehr nimmt die allgemeine Ängstlichkeit ab.

Wenn wir nichts aktiv tun können, außer unseren Gedanken- und Gefühlsentwicklungen zu folgen, nimmt die Angst zu. In dem Moment, in dem wir aktiv werden, uns mit Dingen beschäftigen und deren Umsetzung planen, haben wir keine Zeit mehr, ängstlich zu sein. Packen Sie die Dinge an! Dann hat die allgemeine Angst keine Chance mehr.

Eines stellen wir bei dieser Analyse immer fest: Wir werden nicht sterben! Die Sache ist nicht lebensbedrohlich! Mit diesem Wissen lässt sich viel ruhiger und konzentrierter nachdenken, als wenn wir uns verhalten, als stünden wir einer akuten Lebensgefahr gegenüber. Beschäftigen Sie sich mit Details! Stellen Sie sich folgende Fragen, um den Konflikt konkret zu fassen.

Fragen

Worum wird es genau gehen?
Welche Themen werden angesprochen?
Wer wird welche Meinung vertreten?
Welche Position möchten Sie einnehmen?
Welche Interessen stehen hinter Ihrer Position?
In welchem Punkt sind Sie kompromissbereit?
Zu welchem Punkt wollen Sie Fragen stellen?
Kennen Sie genau die Ansichten Ihres Gegenübers?
Was möchten Sie ihn fragen?
Welche Lösungsmöglichkeiten sehen Sie?
Gibt es Alternativen hierzu? Welche?
Welche Lösungsmöglichkeiten wird Ihr Gegenüber Ihnen
    anbieten?

Dies sind nur einige Fragen einer langen, langen Liste. Mit etwas Übung werden Sie Ihre eigene Liste zur Konfliktvorbereitung zusammenstellen. Sie wissen am besten, wie Sie beginnen können, sich detailliert mit dem Konflikt zu beschäftigen. Arbeiten Sie ruhig und konzentriert. Lassen Sie sich nicht ablenken. Zu viel Zerstreuung fördert die Ängstlichkeit.

Gute Stimmung macht kreativ

Eine weitere Möglichkeit, um mit einer allgemeinen Ängstlichkeit umzugehen, ist, sich darauf zu konzentrieren, dass man sich selbst in einer guten Stimmung befindet. Konzentrieren Sie sich nicht auf den Konflikt, wenn es Ihnen schlecht geht. Versuchen Sie erst in gute Stimmung zu kommen. Verwöhnen Sie sich mit etwas, das Ihnen viel Freude bereitet, und beschäftigen Sie sich dann erst mit diesen Fragen.

Fühlen wir uns schlecht und abgespannt, tendieren wir dazu, den Konflikt als viel größer und unüberwindlicher zu betrachten, als er vielleicht ist. In guter Stimmung sind wir weitaus weniger empfänglich für Frustration. Wir sind kreativer und sehen mehr Verhaltensmöglichkeiten als in schlechter Stimmung. Schließlich ist ein Konflikt kein Anlass dafür, sich die Freude am Leben nehmen zu lassen!

> *Ob uns das Gefühl der Angst übermannt, hängt häufig davon ab, welchen Aspekt einer Situation wir besonders betonen.*

In vielen Situationen kommt die Angst nicht von selbst oder ganz unausweichlich über uns. Wir können unser ängstliches Verhalten steuern, beeinflussen und verändern. Ob uns das Gefühl der Angst übermannt, hängt häufig davon ab, welchen Aspekt einer Situation wir besonders betonen. Rücken wir die mögliche Verletzung ins Zentrum unserer Aufmerksamkeit, werden wir ängstlicher reagieren, als wenn wir uns auf die Lösungsmöglichkeiten konzentrieren. Um das Angstgefühl zu steuern, sollten wir versuchen, positive Aspekte des Konfliktes in das Zentrum zu rücken. Außerdem ist es hilfreich, positive Erwartungen an die Konfliktsituation mitzubringen.

Positive Aspekte fokussieren

»Was gibt es denn für positive Aspekte des Konfliktes mit Sybille?« wird sich Anna, die nun die ganze Arbeit alleine bewältigen muss, wahrscheinlich fragen. Viele! Anna könnte sich freuen, dass das Thema nun endlich auf den Tisch kommt. Sie könnte zufrieden darüber sein, dass sie dabei ist, eine neue Verhaltensmöglichkeit auszuprobieren. Sie könnte auch auf die Reaktion von Sybille gespannt sein. Es gibt so viele Aspekte des Konfliktgeschehens, die Anlass zur Freude sein könnten. Wir konzentrieren uns meistens auf die negativen Aspekte. Das ist schade und schränkt unsere Verhaltensmöglichkeiten ein.

Mit Angst können wir konstruktiv umgehen. Wir können sie als Ideengeberin nutzen, um Neues auszuprobieren. Natürlich gibt es auch hierzu Ausnahmen: Haben wir das Gefühl, in unserer Angst zu versinken und keinen Anhaltspunkt für einen konstruktiven Umgang mit ihr zu finden, dann ist es ratsam, professionelle Hilfe aufzusuchen. Denn ein falscher Umgang mit Angst kann zu psychischen Schäden führen, die bis in die Depression führen können. Um sich davor zu schützen, entwickeln manche Menschen mehr oder weniger erfolgreiche Konfliktvermeidungsstrategien.

Strategie 1: Verleugnen

In manchen Situationen erscheint es zunächst praktikabler, den Konflikt zu verleugnen, anstatt ihn aktiv anzupacken. Sehen wir einen Konflikt auf uns zukommen, dann beginnen wir uns im Dialog mit uns selbst davon zu überzeugen, dass es eigentlich keinen Konflikt gibt. Wir tun einfach so, als sei der strittige Punkt nicht existent, um ihn nicht ansprechen zu müssen. »So eine kleine Meinungsverschiedenheit sollte man nicht unnötig aufbauschen«, oder »Morgen ist alles wieder vergessen«, oder »Im Grunde genommen verstehen wir uns prima«, sind einige typische Aussagen des inneren Dialogs, wenn wir im Begriff sind, einen Konflikt zu verleugnen.

Das Verleugnen von Konflikten hilft, die ängstlichen Gefühle in Schach zu halten. Zu dieser Strategie greifen wir vor allem dann gerne, wenn wir vor dem Konfliktpartner Angst haben. Wir fühlen uns ihm nicht gewachsen und befürchten, dass das Austragen des Konfliktes zu unseren Ungunsten geschieht.

> **Tip**
>
> Entsteht eine Differenz und Sie bemerken, dass Sie dabei sind, den Konflikt zu verleugnen, dann können Sie dieses Mal bewusst innehalten und überlegen:
>
> - Warum versuche ich den Konflikt zu verleugnen?
> - Habe ich Angst vor meinem Gesprächspartner?
> - Möchte ich den Konflikt bearbeiten?
> - Wie gehe ich mit dem Ergebnis des Gesprächs um?
> - Was kann schlimmstenfalls passieren?
>
> Danach kommen Sie zu einer bewußten Entscheidung.

Strategie 2: Aus dem Weg gehen

Dem Konflikt aus dem Weg zu gehen ist hier im wörtlichen Sinne gemeint. Immer, wenn der Konfliktpartner in der Nähe ist, suchen wir das Weite. Wenn beispielsweise Marks Vorgesetzter zu ihm sagt: »Mark, ich muss dich heute noch dringend sprechen. Ein Auftrag ist nicht so gut gelaufen. Ich möchte wissen, wie das geschehen konnte, denn das darf nicht wieder vorkommen«, dann ist das für Mark Alarmstufe rot. Er hält sich den Tag über häufig in den Zimmern von Kollegen auf. Sucht unter einem Vorwand Gespräche in anderen Abteilungen und hängt teilweise sein Telefon aus, um nicht erreichbar zu sein. Er versucht, dem Konfliktpartner aus dem Weg zu gehen, und hofft, dass sich so die schlimmsten Wogen mit der Zeit glätten.

Die zweite Methode, um Konflikten aus dem Weg zu gehen, ist die Suche nach Ablenkung und Zerstreuung.

Ablenkung und Zerstreuung können hilfreich sein, um innerlich wieder zur Ruhe zu kommen. Jogging im Wald oder ein Kinobesuch ersetzen aber keineswegs das Austragen des Konfliktes. Auch das Umgraben des Gartens löst keine Eheprobleme. Wer regelmäßigen Streitgesprächen mit dem Partner durch Gartenarbeit zu entrinnen versucht, wird möglicherweise für kurze Zeit Erleichterung finden. Das anstehende Problem wird auf diese Art und Weise aber nicht gelöst.

> **Tip**
>
> Tendieren wir dazu, Konflikten aus dem Weg zu gehen, so lohnt es, sich selbst kritisch zu befragen:
>
> - Warum möchte ich dem Konflikt aus dem Weg gehen?
> - Wovor habe ich Angst?
> - Was möchte ich vermeiden?
> - Erreiche ich mit dieser Taktik mein Ziel?
> - Welche Alternativen gibt es?

Strategie 3: Rationalisieren

Das ist die intellektuelle Methode der Konfliktvermeidung. Wir diskutieren die Konfliktsituation einfach mit vernünftigen Gründen weg. Haben wir beispielsweise in einer Situation unser Recht nicht bekommen, da der Vorgesetzte unserer Meinung nach falsch entschieden hat, reden wir uns gut zu. Wir trösten uns damit, dass der Konflikt nicht mehr besteht und es keinen Sinn mehr macht, sich damit innerlich noch auseinanderzusetzen.

Diese Methode wird vor allem dann gerne angewendet, wenn der Konflikt bereits ansatzweise besprochen wurde, wir aber merken, dass wir mit unseren Wünschen und Zielen nicht ausreichend berücksichtigt werden. Um uns die Angst vor Konflikten zu nehmen, schwächen wir das Konfliktpotential innerlich ab.

Die Methode des Rationalisierens dient dazu, sich moralisch den Konfliktpartnern überlegen zu fühlen. Sie trägt aber wie das Verleugnen nicht dazu bei, eine langfristige Lösung zu erzielen.

> **Tip**
>
> Rationalisieren wir einen Konflikt, können folgende Fragen hilfreich sein:
>
> - Habe ich Angst vor den Gefühlen, die der Konflikt auslöst?
> - Welche Gefühle versuche ich zu unterdrücken?
> - Was würde geschehen, wenn ich mich auf die Gefühle einlassen würde?

Strategie 4: Psychosomatische Reaktion

Im schlechtesten Fall wählen wir keine gedankliche Rückzugsmethode, sondern verarbeiten anstehende Konflikte psychosomatisch. Erzeugen Konflikte Angst, geht das in der Regel mit einer starken Erregung des autonomen Nervensystems einher. Durch eine Verdrängung des Konfliktes können diese Impulse in körperliche Reaktionen abgeleitet werden.

> *Wenn Katrins Freund mit ihr über einige Dinge sprechen möchte, die ihn in ihrer Beziehung unzufrieden sein lassen, fühlt sich Katrin meistens schlecht. Sie bittet ihn, das Gespräch zu vertagen, denn sie fühlt sich so elend, dass sie sich hinlegen muss und sich auf kein Gespräch konzentrieren kann. Manchmal geht das sogar so weit, dass Katrin mehrere Tage lang unfähig ist, sich auf den Beinen zu halten. Katrins Freund nimmt darauf natürlich Rücksicht. Er bricht das Gespräch ab.*

Wahrscheinlich wird er eines Tages nicht mehr die Kraft haben, Rücksicht zu nehmen. Denn unausgetragene Konflikte festigen eine Paarbeziehung nicht. Die Situation kann eskalieren.

Die beiden könnten auch einen alternativen, sehr konstruktiven Weg finden, um mit Katrins Ängstlichkeit vor Streitgesprächen ergebnisreicher umgehen zu können. Wenn Katrin auf dem Sofa liegt, weil ihr übel ist, kann sie sich fragen:

- Vor was genau habe ich Angst?
- Ist es realistisch, dass mich mein Freund verlässt?
- Sind andere Befürchtungen realistisch?
- Was passiert, wenn wir nie über dieses Thema miteinander sprechen können?
- Was geschieht bestenfalls?
- Was passiert im schlimmsten Fall?

Mit diesen Fragen kommen wir meistens zu dem Schluss, dass der Versuch, den Konflikt mit einer psychosomatischen Reaktion zu vermeiden, sehr viel wahrscheinlicher in einer Trennung mündet, als wenn wir ver-

suchen einen neuen gemeinsamen Weg zu gehen. Katrins Freund könnte sich, um ein konstruktives Gespräch vorzubereiten, folgende Fragen
stellen:

- Warum hat Katrin Angst vor einem Gespräch?
- Trage ich mit meinem Verhalten zu ihrer Angst bei?
- Was könnte ich tun, um ihren Mut zu stärken?
- Was erhoffe ich mir von einem Gespräch mit ihr?

Katrin könnte sich die selben Fragen stellen. Warum hat sie Angst vor
ihrem Freund? Welchen Anteil trägt ihr Verhalten am Konflikt? Was
könnte sie tun, um ihren Mut zu stärken, und was erhofft sie sich von
einem Gespräch mit ihrem Freund? Im Anschluss daran besprechen beide am besten zuerst ihre Antworten auf diese Fragen, bevor sie sich dem
eigentlichen Konflikt zuwenden. Es geht hier erst einmal darum, eine gemeinsame Basis für eine konstruktive Auseinandersetzung zu schaffen.

Konflikte büßen nichts von ihrer Dynamik ein.

Wenn wir diese Verdrängungsstrategien nutzen, sollten wir uns dessen
bewusst sein, dass verdrängte Gefühle nichts von ihrer Dynamik ein-
büßen. Sie entfalten ihre unheilvolle Wirkung im Verborgenen. Um mit
diesen Gefühlen umgehen zu können, müssen wir sie durchleben. Das
Unterdrücken von Konflikten und von begleitenden Ängsten kann uns
auf Dauer krank machen. Um glücklich und zufrieden leben zu können,
ist es deswegen hilfreich, einen konstruktiven Umgang mit Konflikten
zu erlernen. Die Fähigkeit, die Lösung von Konflikten in die Hand zu
nehmen, kann Ängste und Depressionen reduzieren. Sie kann psychoso-
matische Krankheiten verhindern, und nicht zuletzt verbessert diese
Fähigkeit den zwischenmenschlichen Umgang erheblich.
Untersuchungen belegen, dass Menschen, die unter starker Konflikt-
ängstlichkeit leiden, weniger soziale Fähigkeiten im Umgang mit Konflikten erworben haben. Sie haben nicht gelernt, Konflikte einzuschätzen
und konstruktiv mit ihnen umzugehen. Sie haben mehr Angst, weil sie
nicht wissen, wie sie reagieren sollen. Um angemessen mit Konflikten
umgehen zu können, müssen wir in folgenden drei Dimensionen
geschult sein:

Dimension 1: Wissen

Zum einen müssen wir ein theoretisches Wissen haben, wie Konflikte zu handhaben sind. Wir sollten die Unzulänglichkeit der menschlichen Wahrnehmung kennen (fünfter Schritt in diesem Buch, siehe S. 57), Spannungen aushalten können und über Handwerkszeug für den Umgang mit Konflikten verfügen. Dazu gehört auch die Kenntnis von Streitregeln. Damit werden wir uns am Schluss des Buches noch beschäftigen.

Dimension 2: Können

Mit Konfliktsituationen umgehen zu *können* bedeutet in erster Linie, innerlich ruhig zu bleiben. Dann haben wir die Möglichkeit, die Übersicht zu behalten. Wir können zuversichtlich nachdenken und entwickeln verschiedene Lösungsmöglichkeiten. Die theoretische Kenntnis vom Umgang mit Konflikten nützt alleine nicht viel. Wir müssen Möglichkeiten haben, dieses Wissen umzusetzen, und unsere Konfliktfähigkeit trainieren, genauso wie wir Klavierspielen oder Eislaufen üben müssen, bis wir wirklich virtuos sind. Allein das Wissen, dass man beim Klavierpielen schwarze und weiße Tasten drücken oder beim Eislaufen das Gleichgewicht behalten muss, macht uns noch nicht zu Profis auf

> *Hinfallen ist keine Schande.*
> *Man darf nur nicht liegen bleiben.*

diesem Gebiet. Genau wie andere Fähigkeiten auch, muss diese soziale Kompetenz trainiert werden, und es braucht Zeit, bis wir sie entwickelt haben.
Eine wichtige Voraussetzung zur Entwicklung dieser Fähigkeit ist die Übung. Jeder beginnt einmal als Anfänger, ob als dreijähriger kleiner Mensch oder als fünfundzwanzigjähriger Erwachsener. Und alle Anfänger machen Fehler. Das Klavierüben von Anfängern kann für Zuhörer anstrengend sein. Aber ohne Fehler gibt es kein Weiterkommen.

Dimension 3: Wollen

Ohne wirklich Konfliktfähigkeit erwerben zu *wollen*, gibt es keine Möglichkeit, sie zu erreichen. Sie fällt uns nicht im Schlaf zu, und es hilft auch nicht, dieses Buch unter das Kopfkissen zu legen. Konfliktfähigkeit zu erwerben ist hartes Training. Vielleicht tragen wir, genau wie beim Eislaufen, manchen blauen Fleck davon. »Hinfallen ist keine Schande«, sagt ein chinesisches Sprichwort, »man darf nur nicht liegen bleiben.« Ziel beim Training von Konfliktfähigkeit ist es, sich ein Repertoire von alternativen Reaktionsmöglichkeiten anzueignen. Rückzug, Vermeiden von Konflikten oder aggressives Verhalten können nicht die einzigen Möglichkeiten unseres Verhaltensrepertoires sein.

Abstand gewinnen

Zunächst sollten wir uns vornehmen, Abstand von der jeweiligen Situation zu gewinnen und uns in Ruhe auf ein Gespräch vorzubereiten. Spontan zu reagieren ist sehr viel schwieriger und sollte deswegen auch nicht unser erstes Ziel sein. Anna hätte in ihrem Konflikt mit Sybille die Arbeit ihrer Kollegin übernehmen können, obwohl sie sich nicht fair behandelt fühlte. Nach einem kurzen Blick auf die Sachlage hätte sie entscheiden können, ob die Aufgabe so dringend erledigt werden muss, dass sie nicht von Sybille am anderen Tag früh morgens auch noch ausgeführt werden könnte. Anna könnte Sybille die Aufgabe am nächsten Tag zurückgeben und mit ihr ein geplantes Gespräch führen. Falls die Sache schnell erledigt werden muss, beißt Anna dieses Mal noch in den sauren Apfel, führt aber am folgenden Tag ein Gespräch mit Sybille.

Sollte das Gespräch fruchtlos enden, so darf Anna zum Selbstschutz einfach keine Aufgaben mehr annehmen, oder aber sie lässt sie sich geben und »ist einfach nicht mehr dazu gekommen« wegen eines dringenden Termins. Das sollte sie Sybille allerdings ankündigen und sie vorwarnen, dass die Sache möglicherweise liegen bleibt. Sonst handelt sie genauso wie die Kollegin.

»Das ist aber unfair«, mögen Sie nun einwenden, und sicher haben Sie damit nicht ganz unrecht. Wir müssen uns im Konfliktfall allerdings eines verdeutlichen: Wenn wir zuviel Frustration verarbeiten müssen, werden wir auf Dauer ohnehin aggressiv und unfair. Unter diesen

Umständen können wir uns auch gleich selbst schützen und so verhindern, dass die Aggression später an unangemessener Stelle herauskommt. Besser, unser aggressives Verhalten trifft den, der es auslöst, als dass der Partner oder die Familie damit umgehen müssen, ohne zu wissen, was passiert ist. Das ist noch unfairer!

Zusammenfassung

Zweiter Schritt: Das eigene Verhalten kennen lernen Wichtige Gedanken

Wissen wir, wie wir im Konfliktfall reagieren, können wir uns besser einschätzen. Sind wir beispielsweise grundsätzlich ein ängstlicher Mensch, können wir mit der »worst case«-Analyse herausfinden, wie wir im schlechtesten Fall reagieren würden.

Manchmal baut sich die Angst auch scheinbar unüberwindbar vor uns auf. Dann ist es hilfreich, sich auf Details, insbesondere auf positive Aspekte, des Konfliktgeschehens zu konzentrieren. Das wichtigste ist, dass wir in den Gedanken und in den Gefühlen aktiv bleiben. Die Konzentration auf Details verhindert, dass wir in den Sog der Angst geraten.

Um mit der Angst vor Konflikten umzugehen, können wir die unangenehme Situation verleugnen, dem Konflikt aus dem Weg gehen, ihn wegrationalisieren oder ihn in einer psychosomatischen Krankheit münden lassen.

Da diese Strategien den Konflikt nicht lösen, ist es wichtig, die sozialen Fähigkeiten zu erweitern. Dazu gehört erstens, dass wir *wissen*, wie wir uns am besten im Konfliktfall verhalten. Zweitens sollten wir *in der Lage sein*, uns dementsprechend zu verhalten, und drittens müssen wir uns tatsächlich in dieser Weise verhalten *wollen*.

Hilfreich ist es in konfliktgeladenen Situationen auch, sich einen Moment der Ruhe zu gönnen und Abstand zu gewinnen, bevor man reagiert.

Dritter Schritt: Die eigenen Gefühle kennen lernen

»Selbsterkenntnis ist der erste Schritt zur Besserung«, sagt der Volksmund. Das klingt zwar platt, trifft jedoch ins Schwarze. Um uns emotional intelligent zu verhalten, also um mit unseren Gefühlen besser umgehen zu können, müssen wir unsere Gefühle und Verhaltensweisen kennen.

> **Oft sind wir uns gar nicht im Klaren darüber, was wir empfinden.**

Auf den ersten Blick sind Gefühle etwas sehr Offenkundiges. Wir erleben etwas Schönes oder Leidvolles und reagieren darauf mit dem entsprechenden Gefühl. Erinnern wir uns aber an manche glückliche oder schmerzliche Situationen zurück, bemerken wir, dass wir uns nicht immer genau darüber im Klaren sind, was wir eigentlich empfunden haben.

Wenn Lisa beispielsweise von ihrem Freund versetzt wird, weiß sie selbst nicht, ob sie wütend oder traurig ist. Manchmal empfindet sie auch gar nichts, denn sie möchte sich einfach über sein Verhalten nicht mehr ärgern. Das ist wieder ein neues Stichwort: Vielleicht ärgert sie sich auch über sein Verhalten. Ihr ist nicht klar, was sie wirklich empfindet. Welches Gefühl dominiert? Vielleicht ist es auch eine Mischung aus Ärger, Wut und Traurigkeit?

Achtsam nach innen schauen

Um das eigene Gefühlsleben zu beeinflussen, müssen wir als erstes genau herausfinden, was wir empfinden und wie wir uns fühlen. Wir müssen achtsam auf das reagieren, was in uns drinnen geschieht. Was empfinden wir, wenn wir verabredet sind und unser Freund taucht nicht auf? Vielleicht sind es auch verschiedene Phasen, die wir durchlaufen. Erst sind wir ärgerlich, dann werden wir wütend, und zum Schluss sind wir traurig und deprimiert.

Achtsamkeit bedeutet, dass wir uns selbst bewusst wahrnehmen, ohne das, was wir empfinden, zu beurteilen. Die innere Neutralität gegenüber dem Wahrgenommenen ermöglicht, flexibel damit umzugehen. Hemmend hingegen wirkt es sich aus, wenn wir das, was wir empfinden, negativ beurteilen. Sagen wir beispielsweise zu uns selbst: »Da ist es wieder, dieses ängstliche Gefühl. Ich bin auch wirklich ein Angsthase. Kaum schaut mich der Chef kritisch an, mache ich mir schon in die Hose. So geht das nicht weiter«, dann setzen wir uns selbst unter Druck. Wir müssen dann nicht nur mit dem Angstgefühl umgehen, sondern auch vor uns selbst bestehen und uns zeigen, dass wir gar nicht so ängstlich sind, wie wir es selbst glauben.

Neutrale Selbstbeobachtung

Eigentlich müsste dieser Abschnitt mit dem Titel »Möglichst neutrale Selbstbeobachtung« überschrieben sein, denn wirklich neutral können wir uns selbst nicht beobachten. Wir stecken in uns drin. Ziel sollte es sein, dass wir uns unserer Stimmungen und Gedanken bewusst werden. Das ermöglicht einen überlegten Umgang mit uns selbst. Wenn wir uns gedanklich maßregeln und strafen, kommen wir nicht weiter.

Menschen, die ihre Gefühle kennen und mit ihnen umgehen können, sind autonomer als andere.

Die Klarheit über die eigenen Gefühle kann auch andere Persönlichkeitsanteile stützen. Menschen, die ihre Gefühle kennen und mit ihnen umgehen können, sind autonomer, weil sie sich ihrer eigenen Grenzen bewusst sind. Sie leben zufriedener, haben meist eine positive Lebenseinstellung. Wenn sie in schlechte Stimmung geraten, grübeln sie nicht lange und quälen sich nicht mit Selbstvorwürfen, sondern kommen in der Regel über das Problem hinweg. Sie gehen achtsam mit sich um und haben so die Fähigkeit erworben, auch über schwierige Phasen im Leben seelisch gesund hinwegzukommen.

Menschen, die sich ihren Gefühlen hoffnungslos ausgeliefert fühlen, sind überwältigt und werden durch die innere Unordnung handlungsun-

fähig. Sie reagieren eher sprunghaft und sind anfälliger für Stimmungs-
wechsel. In Problemsituationen verlieren sie die Übersicht über sich
selbst. Sie denken, sie haben auf ihr Gefühlsleben keinen Einfluss, und
geben sich ungehemmt ihren Empfindungen hin. Sie sind hinnehmend
und versuchen daher nicht, etwas aktiv zu verändern. Haben wir über-
wiegend gute Gefühle, so ist es kein Fehler, diese hinzunehmen. Bei
schlechten Gefühlen ist es hilfreich, wenn wir aktiv werden können.

Wie die meisten Dinge im Leben zwei Seiten haben, setzen sich die meis
ten emotionalen Zustände aus angenehmen und unangenehmen Empfindungen zusammen. Denn sie beziehen sich meistens gleichzeitig auf
gute und schlechte Erinnerungen. Doch die Worte, mit denen wir versuchen, diese Emotionen zu beschreiben, geben oft die Komplexität der
Empfindung nicht wieder. Werden wir beispielsweise zur Gruppenlei-
tung für unser Team befördert, so empfinden wir einerseits Freude und
Triumph, andererseits sind wir auch ein bisschen ängstlich, weil wir
nicht wissen, ob wir der Aufgabe gerecht werden können. Vielleicht
haben wir auch Angst davor, mit dem Konfliktpotential im Team umgehen zu müssen.

Robert Plutchik, Professor für Psychiatrie und Psychologie in New York,
hat folgendes »Emotionsrad« dargestellt. Es zeigt, dass aus acht sogenannten Primäremotionen – grundlegenden Gefühlen – Vermischungen
entstehen können, die unser Verhalten bestimmen.

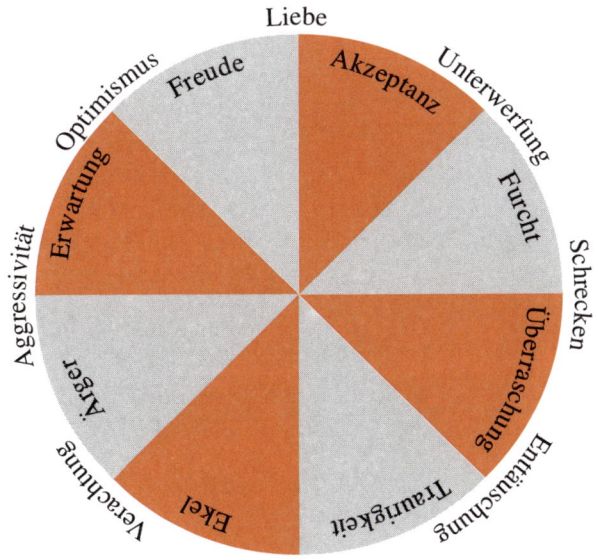

Im Allgemeinen gehen wir davon aus, dass alle Menschen wissen, was es heißt, glücklich oder niedergeschlagen zu sein. Untersuchungen konnten aber belegen, dass jeder Mensch etwas anderes darunter versteht. Denn wir legen an unsere Gefühle verschiedene Maßstäbe der Bewertung an. Der eine freut sich schon über das Blühen einer Rose oder über das Lächeln seiner Tochter, die andere muss erst eine Million im Lotto gewinnen, um Freude oder Glück zu verspüren.

> **Um unsere Konfliktfähigkeit zu verbessern,**
> **müssen wir die Ereignisfolge**
> **zwischen Gefühl und Verhalten unterbrechen.**

Je nachdem, was wir persönlich unter »Angst vor Konflikten« verstehen, benötigen wir andere Strategien, um unsere Konfliktfähigkeit zu verbessern. Grundlegend dafür ist, dass wir die Ereignisfolge zwischen Gefühl und Verhalten unterbrechen.

Jede Emotion wird durch einen Reiz ausgelöst. Dieser Reiz führt dazu, dass Gedanken und Gefühle entstehen, woraufhin eine Handlung in uns ausgelöst wird.

Wenn Lisa von ihrem Freund nicht wie versprochen abgeholt wird, dann ist das für sie der auslösende Reiz. Ihm folgen ein Gedanke und ein Gefühl. Lisa ist der Meinung, dass dieses Verhalten nicht richtig ist. Lisa ärgert sich und sie fühlt sich im Stich gelassen. Auf diesen Gedanken und das Gefühl hin wählt Lisa eine Handlung. Kommt ihr Freund eine halbe Stunde verspätet zur Tür hinein, begrüßt sie ihn mit Vorwürfen.

Folgende Kette ist entstanden:

Lisa wird nicht abgeholt	=	**Reiz**
⇩		
Lisa denkt »doofer Kerl«	=	**Gedanke**
⇩		
Lisa fühlt sich im Stich gelassen	=	**Gefühl**
⇩		
Lisa macht Vorwürfe	=	**Handlung**

Gefühle differenziert empfinden

Sind wir in der Lage, Emotionen differenziert zu empfinden, haben wir ein reicheres Gefühlsleben. Können wir darüber hinaus unsere Gefühle mit Worten bezeichnen, haben wir den ersten Schritt zu einem konstruktiven Umgang mit den Gefühlen getan. Geben Sie also Ihrer Angst vor Konflikten einen ganz persönlichen Namen, der für Ihre Ohren treffend ist. Das kann auch ein erfundener Name sein. Hauptsache, Sie selbst wissen genau, welches Gefühl Sie beschreiben, wenn Sie zu sich sagen: »Heute, nach diesem Problemgespräch, fühle ich mich erleichtert.«
Danach geht es darum, alternative Handlungen entwerfen zu können. Dafür steuern wir unsere Gedanken und Gefühle bewusst. Wenn Lisa sich ärgert und sich im Stich gelassen fühlt, dann führt das automatisch zu Vorwürfen. Sie kann nach dem intensiven Gefühlserlebnis ihre Handlung nicht mehr frei wählen. Die Vorwürfe rutschen ihr einfach heraus, auch wenn sie sich dessen bewusst ist, dass es sinnvoller wäre, anders zu reagieren.
Flexibles Verhalten erreichen wir, wenn wir schon nach dem Reiz, also bei den Gedanken und Gefühlen, alternative Möglichkeiten haben, um mehrere Verhaltensweisen entwickeln zu können.
Lisa könnte versuchen, sich nicht zu ärgern, sondern diesmal anders zu reagieren. Vielleicht freut sie sich, weil sie nun Zeit gewonnen hat, etwas zu erledigen, was schon lange ansteht. Sie könnte den Schrank einmal auswischen, den Brief an die Großmutter schreiben oder eine Bluse bügeln. Der Gedanke wäre dann: »Wahrscheinlich kommt er später, ich werde noch etwas Zeit haben«, und das Gefühl der Freude darüber stellt sich ein. Kommt ihr Freund schließlich die Treppe hoch gelaufen und macht sich auf eine paar Vorwürfe gefasst, wird er ganz überrascht sein, wenn er sie sagen hört: »Schön, dass du da bist. Vielleicht magst du schon einmal ein Glas Wein in der Küche trinken. Ich schreibe eben noch den Brief zu Ende. Ich bin gleich fertig.«

Einfach einmal anders reagieren

Lisa könnte auch annehmen, dass ihr Freund noch jemanden getroffen hat, und ein Gefühl von Neugier entwickeln. Sie würde ihn dann mit einer Frage begrüßen.

Damit haben wir schon drei alternative Gedanken, Gefühle und Handlungen auf den gleichen Reiz hin entwickelt:

Lisa wird nicht abgeholt			Reiz
⬇	⬇	⬇	
Lisa denkt »doofer Kerl«	Lisa denkt »ich habe Zeit gewonnen«	Lisa nimmt an, dass ihr Freund noch jemanden getroffen hat	**Gedanke**
⬇	⬇	⬇	
Lisa fühlt sich im Stich gelassen	Lisa freut sich	Lisa ist neugierig	**Gefühl**
⬇	⬇	⬇	
Lisa macht Vorwürfe	Lisa schreibt den Brief an die Großmutter und begrüßt ihren Freund freundlich	Lisa begrüßt den Freund mit einer Frage	**Handlung**

Zusammenfassung

Dritter Schritt: Verhalten verändern
Wichtige Gedanken

Der dritte Schritt zur Verhaltensänderung ist, die eigenen
Gefühle kennen zu lernen. Dafür ist es wichtig, dass wir achtsam nach innen schauen. Wir beschreiben unsere Gefühlswelt,
bewerten sie aber nicht. Um mit den Gefühlen besser umgehen zu können, unterbrechen wir die eingeschliffenen Ereig-
nisfolgen zwischen einem Reiz, dem aufkommenden Gedanken und dem dazugehörigen Gefühl und unseren Handlungen.
Diese Methode verspricht ein reicheres Gefühlsleben und die
Möglichkeit, einfach einmal anders zu reagieren.

Vierter Schritt: Spannung aushalten können

Wer trägt die Verantwortung dafür, ob wir uns wohl fühlen? Die einzig zutreffende Antwort auf diese Frage muss heißen: wir selbst. Machen wir uns abhängig von anderen Menschen, finden wir keine Ruhe in uns selbst. Unser Wohlergehen liegt in vielerlei Hinsicht in unseren eigenen Händen. Die Umwelt ist erst einmal so, wie sie ist. Wir werden viele Dinge, wie die Launen des Chefs oder die Unzuverlässigkeit des Partners, nicht verändern können. Die für uns interessante Frage ist daher, wie wir trotz der unangenehmen Dinge, die in unserem Leben passieren, Kraft und Mut behalten, damit wir zufrieden leben können.
Wie halten wir also unsere Kräfte zusammen? Eine mögliche Antwort auf diese Frage lautet: Nehmen wir eine erweiterte Perspektive ein und stellen uns nicht selbst immer in den Mittelpunkt des Geschehens.

Wir leben in einem sozialen System

In vielen Fällen sind wir so sehr mit uns selbst beschäftigt, dass wir das soziale System, in dem wir leben, nicht als Ganzes betrachten können. Um eine realistische Perspektive zu bekommen, sollten wir uns nicht nur auf das individuelle Erleben konzentrieren. Wir befinden uns in einem gesamten Kontext, zu Hause wie am Arbeitsplatz. In diesen festen sozialen Systemen finden wir unseren Halt. Alleine sind viele Dinge im Leben viel schwerer zu ertragen, als wenn man sie mit anderen Menschen teilen kann. Auch kann man Freude und schöne Dinge nicht so genießen, wenn man niemanden hat, dem man sein Glück oder Unglück mitteilen kann. Deshalb gilt es, mit den Menschen in seiner Umgebung behutsam umzugehen und einen konstruktiven Weg zu finden, um Konflikte auszutragen.

Innere Konflikte aushalten lernen

Um den Umgang mit äußeren Konflikten zu lernen, müssen wir zunächst innere Konflikte aushalten können.

Dafür sollten wir vor uns selbst klären, was uns wichtig ist, und uns verdeutlichen, in welchen Punkten wir Widersprüche im inneren Erleben feststellen. Vielleicht ist es uns wichtig, den ganzen Tag zu tun und zu lassen, was wir möchten. Andererseits hängen wir an unserem Partner und möchten mit ihm zusammenbleiben, weil er für uns eine Quelle der Kraft ist. Anstatt eine Entscheidung für die eine oder andere Seite zu treffen, gilt es, diese Ambivalenzen auszubalancieren.

Um diese unterschiedlichen Interessen miteinander verknüpfen zu können, brauchen wir zunächst die Fähigkeit, an uns selbst zu glauben. Wir müssen Verantwortung für uns selbst übernehmen und uns als eine Person erleben, die Einfluss auf das innere und äußere Geschehen nehmen kann. Wer sonst könnte uns dabei besser behilflich sein als wir selbst? Formulieren wir einmal die inneren Ambivalenzen und vergleichen wir sie mit unseren Werten und Zielen. Wie passt das alles zusammen, was wir hier vorfinden?

> *Henrick, ein junger Mann, der vor nichts im Leben Angst hat außer vor Konflikten, hat sich diese Mühe einmal gemacht. Er fand heraus, dass er sich innerlich abhängig macht von einem harmonischen Zusammenleben mit seiner Frau und seiner kleinen Tochter. Geht es den beiden nicht gut oder kritisiert seine Frau ihn aus irgendeinem Grund, steht er tagelang neben sich. Er wird passiv und handlungsunfähig, zieht sich zurück und entschuldigt sich damit, dass er nachdenken muss. Manchmal macht das seine Frau noch wütender, denn Henrick ist durch seinen Job nicht sehr oft zu Hause. Die wenige Zeit, die er bei seiner Familie ist, möchten die beiden natürlich mit ihm gemeinsam verbringen.*
> *»Harmonie ist etwas Wichtiges in meinem Leben«, stellt Henrick fest. »Gibt es irgendwo, in der Arbeit oder zu Hause, einen kleinen Anflug von Missstimmungen, ziehe ich mich in mich zurück. Ich rede nicht mehr und warte, bis der Krach vorübergeht. Dann komme ich wieder aus meinem Schneckenhaus hervor, schaue mich vorsichtig um, prüfe, ob das Gewitter tatsächlich vorbei ist, und werde aktiv, wenn die Sonne wieder richtig scheint.«*

Konflikte aktiv mitgestalten

Im Idealfall kommt Henrick zu der Auffassung, dass es für ihn ein hilfreicher Lernprozess sein könnte, wenn er sich im Konfliktfall einmal nicht vergräbt, sondern den Konflikt aktiv mitgestaltet. Vielleicht ist er dann schneller vorüber, oder er und seine Frau finden eine Möglichkeit, mit ihren immer wiederkehrenden Konflikten umzugehen. Die Ambivalenz, die Henrick überwinden muss, ist der Widerspruch zwischen dem, was er will, nämlich Harmonie, und dem, was er macht, sich zurückziehen. Möchte er ein harmonisches Zusammenleben, muss er sich den Konflikten stellen, die in der Luft liegen.

Um das zu realisieren, muss sich Henrick eine Strategie ausdenken, wie er lernen kann, Spannungen auszuhalten. Beim nächsten Konflikt möchte er sich nicht zurückziehen, sondern erfahren, was passiert, wenn er den Konflikt auf sich zukommen lässt.

Bei der nächsten Auseinandersetzung mit seiner Frau bleibt Henrick im Raum. Er schwenkt auch nicht auf ein anderes Thema und versucht, das Gefühl von Übelkeit zu unterdrücken. Seine Frau wird ihm Vorwürfe machen, weil er wieder verspätet nach Hause kam. Er ist zunächst still und fragt dann nach. Warum fühlt sie sich einsam? Wann würde sie sich besser fühlen?

Seine Frau wird überrascht sein von Henricks neuem Verhalten. Statt wütend vor sich hinzuschimpfen, wie sie es sonst immer tut, hätte sie jetzt die Möglichkeit, die tiefe Traurigkeit einzugestehen, die Henricks Konfliktunfähigkeit bei ihr ausgelöst hat. Nachdem sie sich richtig ausgeweint hat, könnten die beiden miteinander sprechen. Sie könnten Lösungswege sammeln, sich auf einen festlegen und diesen ausprobieren.

Neue Umgangsweisen

Die Fähigkeit, Spannung auszuhalten, eröffnet uns viele neue Möglichkeiten im Umgang miteinander. Wir können es leichter ertragen, wenn die Verhaltensweisen anderer Menschen nicht unseren Erwartungen entsprechen. Zum Aushalten von Spannungen gehört auch die Erkenntnis, dass sich jeder Mensch so verhält, wie er es selbst für richtig hält. Die anderen orientieren ihr Verhalten an ihren Maßstäben, nicht an unseren Vorstellungen. Solange sich dieses Verhalten in einem vernünftigen

Toleranzbereich bewegt, können wir auch das aushalten. Es macht uns entspannter. Dieser bewusste Umgang mit Spannungen gestaltet unser Leben angenehmer, denn wir können abwarten und werden nicht verzweifeln, wenn die Dinge nicht zu unserer Zufriedenheit verlaufen.

Zusammenfassung

Vierter Schritt: Spannungen aushalten können Wichtige Gedanken

Wir selbst tragen die Verantwortung für unser Wohlbefinden. Um zufrieden zu leben, sollten wir öfter von unseren individuellen Bedürfnissen absehen und den Blick auf das soziale System konzentrieren, in dem wir leben. Grundlage hierfür ist, dass wir Spannungen aushalten können und Konflikte aktiv mitgestalten. Die Fähigkeit, Spannungen aushalten zu können, eröffnet uns viele neue Möglichkeiten im Umgang miteinander.

Fünfter Schritt: Bewusster wahrnehmen

»Unser Auge vollbringt jeden Tag große Leistungen. Es bildet alles um uns herum 1:1 auf der Netzhaut ab.« Von dieser Annahme gehen die meisten Menschen aus. Zweifelsohne leistet unser Auge Erstaunliches. Es ist noch nicht vollständig erforscht, wie wir Bilder in unseren Köpfen erzeugen. Das liegt vor allem daran, dass das Auge selbst nicht viel mehr als eine einfache Kamera leistet. Die anspruchsvolle Verarbeitung der aufgenommenen Informationen vollzieht sich im Gehirn. Hier werden fehlende Stücke ergänzt und Details verändert. Dabei hilft uns unsere Erfahrung.

Betrachten wir zum Beispiel eine Tischkante. Ist der Tisch rechteckig, so hat die Tischplatte viermal einen rechten Winkel. Diesen rechten Winkel nehmen wir ohne Probleme wahr. Betrachten wir nun die Netzhaut im Auge. Wir können auf Zeichnungen erkennen, dass sie am hinteren Ende des Auges die gesamte Innenfläche in Anspruch nimmt. Das Augeninnere ist gewölbt und rund geformt. Es gibt hier keine glatte Fläche.

Zurück zur Tischkante. Den rechten Winkel der Tischkante versuchen wir auf der gewölbten Innenfläche des Auges abzubilden. Das kann nicht funktionieren. Wir können keinen rechten Winkel auf der Netzhautinnenfläche darstellen. Der Winkel wird immer eine andere Neigung haben. Wir können den Tisch nicht eins zu eins abbilden. Schauen wir die Tischkante nochmals an. Auch wenn wir uns mit einem Winkelmesser versichern: wir nehmen die Tischkante rechtwinkelig wahr, kein Zweifel. Nicht gewölbt, wie es eigentlich nach den physikalischen Gesetzen sein müsste. Wie ist das möglich?

Diesen Ausgleich zwischen tatsächlicher Wahrnehmung und Angleichung des wahrgenommenen Bildes an die Realität leistet unser Gehirn. Zu diesem Thema gibt es eine sehr interessante Untersuchung der Universität von Innsbruck.

Versuchspersonen erhielten Brillen, die alles, was sie sahen, auf den Kopf stellten. Sie liefen also durch einen Raum und sahen alle Möbel an der Decke hängend und die Zimmerdecke unter ihren Füßen. Ihre taktile Erfahrung blieb aber die gleiche. Das heißt, sie setzten sich richtig herum auf einen Stuhl, aßen nicht von der Zimmerdecke und liefen auf dem Boden. Nachdem sie die Brillen zwei Tage lang getragen hatten, kehrte das Gehirn das Bild wieder um. Die Versuchspersonen konnten nun mit der Brille normal sehen. Nahmen sie nach einiger Zeit die Brille wieder ab, so begann das gleiche Spiel von vorne. Ohne Brille stand nun die Welt für sie Kopf. Aber auch das regulierte sich nach zwei Tagen wieder.

Unser Gehirn ist extrem leistungsfähig

Genaugenommen dreht das Gehirn immer alles das um, was wir sehen. Denn der Lichtstrahl wird beim Einfall in die Augenpupille umgekehrt. Das Bild auf der Netzhaut ist falsch herum.

Was können wir aus diesen interessanten Erkenntnissen für uns ableiten? Alles, was wir wahrnehmen, ob Bilder, Geräusche, Empfindungen, Geschmack oder Geruch, nehmen wir nicht als absolute Erscheinung wahr, sondern wir interpretieren den physikalischen Reiz so lange um, bis unsere Wahrnehmung daraus ein sinnvolles Ganzes erzeugt. Nicht nur das Auge gibt die physikalischen Reize ungenau wieder, sondern auch das Ohr, der Geschmacks- und Geruchssinn sowie der Tastsinn.

Nur wenn wir auswählen können, bleiben wir handlungsfähig.

Wir wählen ständig aus, welche Reize wir wahrnehmen wollen.

Wir suchen die für uns interessanten Hinweise heraus. Das ist sehr effektiv, denn die Reizüberflutung ist enorm. Ohne diese Auswahl an Dingen, die uns wirklich interessieren, wären wir nicht in der Lage, in der komplexen Welt handlungsfähig zu bleiben. Andererseits birgt diese Auswahl aber die Gefahr, dass wir Aspekte übersehen oder überhören, die wir nicht für wesentlich halten. Für unseren Gesprächspartner sind möglicherweise aber genau diese Ideen die Kernpunkte seiner Argumentation. Das kann zu einer Konfliktursache werden.

Aber wir wählen nicht nur aus. Wir verändern die objektive Realität zusätzlich dadurch, dass wir Dinge aus unserem Erfahrungsschatz hinzufügen und so gewisse Einstellungen und Erwartungen an das haben, was auf uns zukommt. Das sind die drei E, die wir später noch genauer unter die Lupe nehmen werden.

Können wir uns also auf unsere Wahrnehmung verlassen? Die Antwort heißt: »Nein«. Es ist für uns nicht möglich, das, was um uns herum geschieht, objektiv wahrzunehmen. Jede Aufnahmeleistung bringt bereits eine Veränderung des Wahrgenommenen mit sich. Und das ist eine enorm große Quelle für Konflikte.

Also warum Angst vor etwas haben, das in der Natur der Sache liegt? Nutzen wir lieber unsere Energie dafür, Strategien zu entwickeln, mit denen wir dieses Phänomen konstruktiv angehen können. Denn jede Auffassung von Wirklichkeit ist eine Konstruktion des subjektiven und individuellen Erlebens.

Die drei E

Alle Dinge, die wir wahrnehmen, überprüfen wir anhand unserer drei E. Das sind

1. Erfahrungen
2. Einstellungen
3. Erwartungen

Unsere *Erfahrungen* geben uns Hinweise, wie die Dinge im Leben verlaufen. An ihnen orientieren wir unser tägliches Tun. Durch unsere Erfahrungen haben wir Konzepte erarbeitet, die unsere *Einstellung* prägen und mit denen wir wissen, was auf uns zukommen wird. Das sind die *Erwartungen*, die wir an eine Situation haben.

> **Alles, was wir wahrnehmen,**
> **überprüfen wir anhand unserer Erfahrungen,**
> **Einstellungen und Erwartungen.**

Stellen wir uns vor, wir besuchen ein Seminar, um unser Marketingwissen aufzufrischen. Seit der Schulzeit haben wir keinen Unterricht mehr besucht, und so können wir nur mit dieser Erfahrung arbeiten. Als Kinder haben wir auf der Schulbank gesessen, gehofft, dass der Lehrer uns nicht aufruft, wenn wir die Vokabeln nicht gelernt hatten, weil das Wetter so schön war. In der Schule wurden unsere Leistungen bewertet. Vielleicht wissen wir aber schon von Kollegen und Freunden, dass es in Seminaren nicht so zugeht. Dennoch sind wir ein bisschen unsicher und können nicht einschätzen, was auf uns zukommen wird.

Aufgrund unserer Schulerfahrung haben wir die Einstellung, dass der Lehrer uns Neues vermitteln soll und wir zunächst abwarten, bis wir aktiv mitarbeiten. Wir erwarten also, dass wir uns im Seminar erst einmal genüsslich zurücklehnen und uns entspannen können. Umso überraschter sind wir, als sofort zu Seminarbeginn Aktivität gefordert wird. Wir müssen ein Kurzstatement vor laufender Kamera abgeben. Das verunsichert zunächst. Denn unsere drei E haben etwas anderes vorausgesagt.

Alle Handlungen, die wir vornehmen, haben wir anhand der drei E entwickelt. Die Konzepte, die wir ausbilden, sind stabil und helfen uns, im Leben zurechtzukommen. Wir haben zum Thema Partnerschaft, Arbeitsleben, Freizeitgestaltung und auch zum Thema Konflikte Konzepte erarbeitet. Alle diese Dinge prägen den sogenannten Ich-Faktor unserer Persönlichkeit. Die drei E bestimmen die Gedanken und Gefühle über uns selbst, über andere Personen und über die Welt. Tauschen wir uns mit anderen Menschen aus, so tauschen wir auch diese verschiedenen »Modelle von der Welt« aus, denn jeder Mensch konstruiert sein Leben anhand der drei E.

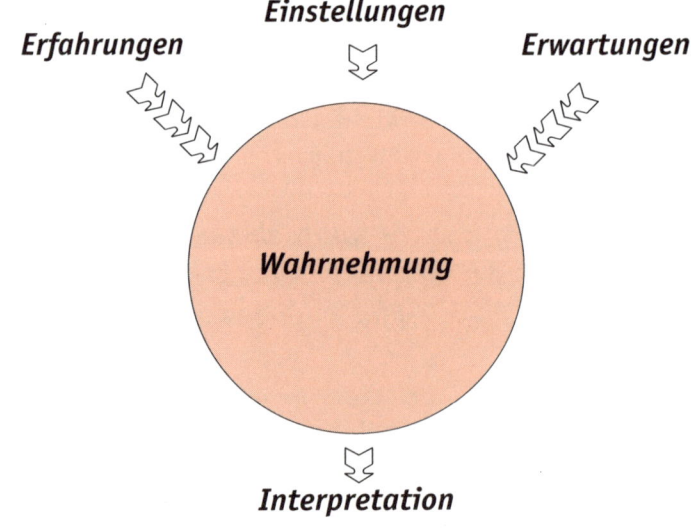

Aus diesem Grunde ist es besonders wichtig, im Konfliktfall nicht davon auszugehen, der andere habe das gleiche Modell von der Welt wie wir selbst. Andere Menschen haben andere Erfahrungen gemacht und leiten daraus andere Einstellungen und Erwartungen ab. Interpretieren wir, dass der andere so denkt und fühlt wie wir selbst, dann machen wir einen Fehler.

Ziel bei der Besprechung eines Konfliktes ist es daher, neugierig auf sein Gegenüber zu werden. Wie sieht sein Modell von der Welt aus? Öffnen wir Augen und Ohren und freuen wir uns auf das, was wir alles Neues entdecken können. Vielleicht finden wir Anregungen, um unser eigenes Modell von der Welt einmal zu überprüfen?

Zusammenfassung

Fünfter Schritt: Bewusster wahrnehmen Wichtige Gedanken

Unsere Sinnesorgane geben die physikalischen Reize nicht exakt wieder. Das Gehirn leistet einen wesentlichen Beitrag zu unserer Wahrnehmung. Beim Wahrnehmen wählen wir bestimmte Reize aus. Wir filtern das Wahrgenommene anhand der drei E, also mit unseren Erfahrungen, unseren Einstellungen und unseren Erwartungen. Da sich jeder Mensch anhand der drei E sein eigenes Weltbild aufbaut, sieht unsere Umgebung aus jeder Perspektive anders aus. Das ist eine Quelle, um reiche Erfahrungen zu machen, aber auch eine Quelle für Konflikte.

Sechster Schritt: Eine positive Einstellung verinnerlichen

Menschen, die hoffnungsvoll sind, leben entspannter und glücklicher als Menschen, die sich zuviel sorgen. Hoffen zu können und an das Gute zu glauben gibt Kraft und Energie, die wir darauf verwenden können, anstehende Probleme zu lösen. Denken wir positiv, fällt es uns viel leichter, konstruktiv nachzudenken und Ideen zu entwickeln.

Wie wichtig die Kraft der Hoffnung als Stütze im Leben ist, wird schon in der Antike beschrieben. Die griechische Sage um Pandoras Tonkrug stellt die Hoffnung als lebenswichtiges Prinzip dar. In der Dichtung wurde diese Sage unter dem Titel »Büchse der Pandora« bekannt.

> *Pandora wird von Zeus aus Zorn über den Feuerraub der Menschen auf die Erde geschickt. Als sie ihr Gefäß öffnet, entweichen Krankheiten und Übel und verbreiten sich auf der Erde. Allein die Hoffnung bleibt im Gefäß zurück:*
> *Um die Menschen nicht zu unglücklich werden zu lassen, erbarmten sich die Götter und schenkten ihnen die Fähigkeit zu hoffen. So sind der griechischen Sage nach alle Strapazen, die das Leben mit sich bringt, erträglich geworden.*

Was wir von uns selbst halten, beeinflusst unsere Leistungen.

Der Motivationspsychologe Alfred Bandura fand heraus, dass das, was wir von unseren Fähigkeiten halten, die Leistungen beeinflusst. Glauben wir an unsere Kräfte und auch daran, Konfliktfähigkeit erlernen zu können, so ist es sehr wahrscheinlich, dass wir an unser Ziel kommen. Wir nehmen dann die Dinge in die Hand und machen uns wenig Gedanken darum, was schief gehen könnte. Wir werden aktiv, und dadurch kann sich die hinderliche Angst nur in geringem Maß etablieren.

Wie wir denken und fühlen, macht sich nicht nur in unseren Leistungen bemerkbar. Auch die Art unserer Lebensführung spiegelt unsere Einstellung wider. So können andere an unseren Verhaltensweisen erkennen, wie wir anderen Menschen und Konflikten gegenüber eingestellt sind.

Ein positives Menschenbild

Was denken Sie über Menschen? Formulieren Sie Ihre Gedanken in einigen Sätzen oder lesen Sie nachfolgende kurze Absätze und entscheiden Sie, welcher Auffassung (A oder B) Sie sich eher anschließen können.

A   *Die Menschen sind von Natur aus mit einem guten Kern ausgestattet. Sie lachen gerne, sind fröhlich und möchten, dass andere und sie selbst in Frieden miteinander leben können. Sie sind hilfsbereit und unterstützen andere, wenn sie in Schwierigkeiten sind. Menschen teilen gerne ihre Freude. Es ist ein schönes Erlebnis, mit Freunden zusammen zu sein, weil man sich auf sie verlassen kann.*

B   *Die Menschen sind von Natur aus schlecht. Sie sind habgierig und nur an ihrem individuellen Wohl interessiert. Sie grenzen sich so viel wie möglich ab und suchen oft Streit. Ist man einmal in Schwierigkeiten, so kann man von anderen Menschen keine Hilfe erwarten. Sogar bei sogenannten Freunden muss man sehr vorsichtig sein und prüfen, ob man sich auf sie verlassen kann.*

Die meisten Menschen können sich weder der einen noch der anderen Auffassung anschließen. Sie sind beide sehr extrem formuliert, und in manchen Fällen trifft das eine, in anderen Situationen das andere zu. Aber wir haben eine Tendenz. Wir tendieren dazu, eher das eine oder das andere anzunehmen. Das ist unsere Einstellung gegenüber Menschen, die unser Verhalten prägt.

> **Was wir von anderen denken,**
> **denken wir auch von uns selbst.**

Interessanterweise verdeutlichen wir mit unserer Wahl nicht nur unsere Einstellung gegenüber anderen Menschen, sondern auch gegenüber uns selbst. Es macht deutlich, ob wir uns selbst annehmen und akzeptieren, oder ob wir uns eher kritisch gegenüberstehen. Was wir von anderen Menschen denken, ist ein kritisches Spiegelbild von uns selbst.

Und das alles hat wiederum Einfluss auf unsere Einstellung zu Konflikten: Halten wir andere Menschen für tendenziell schlecht und sind uns selbst gegenüber auch eher kritisch eingestellt, werden wir in Konfliktsituationen wahrscheinlich mit einem Rückzug reagieren. Eine positive Einstellung gegenüber uns und gegenüber anderen gibt uns die Kraft, auf das Konfliktgeschehen zuzugehen und es konstruktiv anzupacken.

Angst macht vernünftig

Eine positive Einstellung gegenüber sich selbst zu haben bedeutet auch, die Angst vor Konflikten würdigen zu können. Genauso wenig wie wir selbst ist unsere Konfliktangst vom Himmel gefallen. Sie beruht auf Erfahrungen, die uns gelehrt haben, uns so zu verhalten, wie wir es tun. Also hat diese Art des Verhaltens uns in einer bestimmten Phase unseres Lebens sehr geholfen. Sonst hätten wir diese Verhaltensvariation nicht gewählt. Nur wäre es jetzt angemessener, wenn wir auch anders reagieren könnten.

Um den positiven Aspekt der Angst kennen zu lernen, ist es hilfreich zu überlegen, wovor uns unsere Konfliktangst schon bewahrt hat.

Schreiben Sie einmal alles auf, was Ihnen dazu einfällt. Streichen können Sie später immer noch. Sicherlich hat Ihre Konfliktangst Sie davor geschützt, Konflikte eskalieren zu lassen. Durch Ihren frühen Rückzug haben sich die Wogen schnell geglättet. Wahrscheinlich sind Sie auch als freundlicher und ruhiger Mensch beliebt in Ihrem Freundeskreis, und Streitigkeiten – falls sie doch vorkommen – dauern nicht lange an, denn Sie geben gerne nach.

Forschungsarbeiten belegen, dass das Gefühl der Angst einen Orientierungspunkt für vernünftiges Handeln darstellt. Stellen Sie sich einmal vor, welchen Gefahren Sie sich im täglichen Leben aussetzen könnten, wenn Sie überhaupt keine Angst hätten. Sie würden jede rote Ampel überfahren, aus dem fünften Stock springen, anstatt die Treppe zu benutzen, und auf dem Schreibtisch Ihres Chefs Walzer tanzen. Die Angst bewahrt uns vor viel Unfug, und nicht zuletzt ihr verdanken wir es, dass wir bisher so gut durchs Leben gekommen sind. Wir verhalten uns vernünftig und sehen die Konsequenzen unseres Verhaltens voraus. Deswegen verhalten wir uns auch im Konfliktfall sehr vorsichtig.

Angst macht vorsichtig

In welchen Situationen stand Ihnen Ihre Angst vor Konflikten bereits hilfreich zur Seite?
Notieren Sie:

_____

_____

_____

_____

Überlegen Sie nun, wie Sie sicherstellen können, dass keine der negativen Konsequenzen eintritt, wenn Sie Ihre Konfliktangst zur Seite legen. Wie können Sie verhindern, dass Sie unvernünftig handeln? Was können Sie noch tun, außer sich ängstlich zurückzuziehen?

Die Einstellung bestimmt den Weg

Wie kommt es dazu, dass wir Konflikte am liebsten vermeiden? Welcher Faktor bestimmt unsere Handlungen im Konfliktfall? Diese Fragen sind zum Teil schon beantwortet. Aber es fehlt noch ein ganz wichtiger Bestandteil, wenn wir sie ausführlich beantworten wollen. Das sind die sogenannten *Glaubenssätze*. Mit Glaubenssätzen bezeichnet man die inneren Einstellungen, die unser Verhalten steuern.

Das Wort Glaubenssätze erinnert zunächst an den religiösen Glauben, der zweifelsohne auch ein Motor des Verhaltens ist. Gemeint sind im psychologischen Zusammenhang aber alle Einstellungen und Werthaltungen, die wir in uns tragen. Diese Sätze sagen wir zu uns selbst und nehmen sie zum Maßstab für unser Handeln.

Was wir um uns herum wahrnehmen, ist einerseits durch Glaubenssätze gesteuert, andererseits führt die Wahrnehmung zur Ausbildung und Verfestigung von Glaubenssätzen. Glaubenssätze und Ereignisse bedingen sich also gegenseitig. Wir interpretieren die Dinge so, wie wir glauben, dass sie funktionieren, auch wenn wir manchmal etwas anderes wahrnehmen.

Denken wir beispielsweise an die Perspektive aus einem Flugzeug. Bei schönem Wetter können wir beim Überfliegen von Paris wunderbar den Eifelturm oder den Triumphbogen erkennen. Obwohl wir beide Sehenswürdigkeiten nur in Streichholzschachtelgröße erkennen können, wissen wir doch, dass es große Bauwerke sind. Wir verlassen uns also nicht darauf, was wir wahrnehmen, sondern ziehen unser Wissen hinzu, um unsere Wahrnehmung zu interpretieren. Wir haben gelernt, dass Dinge, die wir aus großer Entfernung betrachten, zwar klein aussehen, aber deswegen noch lange nicht klein sind.

Nicht anders ergeht es uns mit Glaubenssätzen. Diese haben wir zwar nicht explizit in der Schule gelernt, dennoch verfügen wir über sie wie über unser erworbenes Wissen. Glaubenssätze sind nicht bewusst gespeichert wie Regeln der Physik oder Mathematik. Aber sie bestimmen genauso nachhaltig unser Handeln.

Glaubenssätze bestimmen unser Handeln

Glaubenssätze repräsentieren unser Denkmuster. Sie formulieren das, was wir gedanklich entwickelt haben, um unserem Verhalten einen Sinn oder eine Erklärung zu geben. Es sind logisch nachvollziehbare Aussagen, die für uns selbst fast absoluten Charakter haben. Sie definieren unser Weltbild und helfen uns, die Komplexität der Welt zu verstehen.

Hier einige Beispiele für Glaubenssätze, die Angst vor Konflikten hervorrufen und bestätigen können:

> *»Konflikte sind nicht schön. Man sollte ihnen lieber aus dem Weg gehen.«*
> *»Wenn man sich wirklich gern hat, dann gibt es keine Konflikte.«*
> *»Ich bin nicht der Typ Mensch, der sich durchsetzen kann.«*
> *»Man sollte nicht zuviel Wert auf seine eigenen Wünsche und Bedürfnisse legen.«*

Bestimmen diese oder ähnliche Sätze unser Handeln im Konfliktfall, so werden wir wenig erfolgreiche Erlebnisse haben, auf die wir uns stützen können. Für uns sind diese Sätze Realität. Wir halten sie für wahr und versuchen nicht, neue und andere Erfahrungen zu machen. In extremen Fällen neigen wir eher dazu, unsere Erlebnisse umzuinterpretieren, als dass wir von liebgewonnenen Glaubenssätzen Abstand nehmen. Abraham Maslow beschrieb einen solchen Fall:

> *Ein Psychiater behandelte einen Mann, der glaubte, er sei eine Leiche. Trotz aller logischen Argumente des Psychiaters hielt der Mann an seinem Glauben fest. Dem Blitz einer plötzlichen Eingebung folgend, fragte der Psychiater den Mann: »Können Leichen bluten?« Der Patient antwortete: »Das ist doch lächerlich! Natürlich können Leichen nicht bluten.« Nachdem er erst um Erlaubnis gefragt hatte, ritzte der Psychiater dem Mann in seinen Finger und drückte einen Tropfen tiefroten Blutes heraus. Der Patient schaute mit äußerster Verwunderung auf seinen blutenden Finger und rief: »Verdammt nochmal, Leichen bluten doch!«*

Diese Geschichte zeigt, dass wir in extremen Fällen eher dazu tendieren, die Realität umzudeuten, als den eigenen Glaubenssatz zu verändern. Und dafür müssen wir nicht einmal psychisch krank sein. Erinnern wir uns nur an den Zustand des Verliebtseins. Alles, was unser geliebter Partner sagt oder tut, finden wir wunderbar. Auch wenn es etwas ist, das

> ***Glaubenssätze zeichnen sich durch ihren allgemeingültigen Charakter aus.***

wir unter normalen Umständen nicht tolerieren würden, interpretieren wir im Verliebtsein um. »So hat sie oder er es bestimmt nicht gemeint«, beruhigen wir uns selbst, oder wir nehmen bestimmte Verhaltensweisen einfach nicht wahr, denn der Glaubenssatz:

> *»Sie oder er ist ein wunderbarer, liebenswerter Mensch.«*

soll unangetastet bleiben.
Vielleicht fallen uns so nach und nach auch Beispiele ein, in denen wir souverän einen Konflikt gehandhabt haben. Das würde dazu führen, dass wir den Glaubenssatz

> *»Ich habe immer Angst vor Konflikten.«*

verändern müssten. Lassen wir es zu, dass der Glaubenssatz keine immerwährende Gültigkeit hat, so können wir ihm die Absolutheit nehmen und ihn uminterpretieren:

> *»Vor manchen Konflikten habe ich Angst.«*

oder

> *»Vor Konflikten habe ich manchmal Angst.«*

oder, um noch genauer zu sein,

> *»Vor der letzten Auseinandersetzung mit meiner Freundin hatte ich Angst.«*

Mit diesem letzten Satz befinden wir uns nicht mehr im Bereich der Glaubenssätze, denn diese Aussage bezieht sich auf eine ganz konkrete Situation. Mit dieser Aussage können wir besser umgehen als mit unverrückbaren Glaubenssätzen.

> ***Glaubenssätze sind wichtige Orientierungspunkte in unserem Leben.***

Glaubenssätze zeichnen sich durch ihren allgemeingültigen Charakter aus.

Wir finden in ihnen häufig verallgemeinernde Wörter wie – aus dem positiven Bereich – »immer«, »alle«, »jederzeit«, »überall«, usw., und aus dem negativen Bereich »nie«, »keiner«, »niemals« usw.

Glaubenssätze sind wichtige Orientierungspunkte in unserem Leben. Sie sind ein Ergebnis von Erfahrungen, die uns helfen, zukünftig positive Erlebnisse zu wiederholen und negative Erlebnisse nicht zu reproduzieren. Es sind Überzeugungen, die uns festigen und unser Verhalten stabilisieren.

Annahmen und Verhaltensweisen, die in bestimmten Situationen sinnvoll und hilfreich sind, können uns aber in anderen Situationen blockieren. So geben uns Glaubenssätze einerseits Stabilität, andererseits setzen sie uns aber auch Grenzen und engen unsere Verhaltensmöglichkeiten ein.

Glaubenssätze können unsere Flexibilität beschränken

Wenn wie versuchen, Glaubenssätze zu verändern, weil wir sie nicht mögen und überzeugt sind, dass sie unsere Flexibilität einschränken, so werden wir feststellen, dass sich Glaubenssätze einer enormen Haltbarkeit erfreuen und im allgemeinen resistent auf Veränderungswünsche reagieren. Die beste Möglichkeit, mit ihnen zu arbeiten, ist deswegen, sich zu überlegen, welche positiven Absichten der Glaubenssatz birgt, den wir verändern möchten.

Konzentrieren wir uns noch einmal auf den Glaubenssatz:

»Ich habe immer Angst vor Konflikten.«

Erinnern wir uns also, vor welcher Art von Konflikten wir Angst haben und welche Erlebnisse wir nicht mehr wiederholen möchten, da wir verletzt wurden. Der Glaubenssatz »Ich habe immer Angst vor Konflikten« schützt uns also davor, ins offene Messer zu laufen. Nun können wir uns erst einmal zurücklehnen und uns darüber freuen, dass wir über einen so wertvollen Glaubenssatz verfügen. Er hat uns vor vielen konfliktreichen Situationen geschützt. Auch hat er dafür gesorgt, dass wir weniger Verletzungen als damals beim auslösenden Schlüsselerlebnis davontrugen.

Um den Glaubenssatz nun weiter zu bearbeiten, nachdem wir die positive Absicht kennen, können wir folgenden Fragenkatalog durchgehen:

Fragen

1. Ist es wichtig, dass ich mich in Konflikten vor Verletzungen schütze?

2. Welche weiteren Möglichkeiten gibt es, mich in Konflikten vor Verletzungen zu schützen? (mindestens drei Alternativen)

3. In welcher Situation möchte ich mich anders verhalten können? Welche Personen sind beteiligt? Um was geht es?

4. Welche Fähigkeiten brauche ich, um mich in genau dieser Situation anders zu verhalten?

5. Welche meiner verfügbaren Fähigkeiten könnte ich wie dafür nutzen?

6. Wie werden meine Konfliktpartner auf diese Veränderung reagieren?

7. Ist die positive Absicht des Glaubenssatzes nach wie vor gewährleistet?

Ziel der Arbeit mit Glaubenssätzen ist es nicht, sie unbedingt ins Gegenteil zu verkehren. Es geht vielmehr darum, sich der einschränkenden Wirkung des Glaubenssatzes bewusst zu werden und sich so Stück für Stück von dieser Wirkung zu befreien.

Damit ein hilfreicher Glaubenssatz im Sinne einer »sich selbst erfüllenden Prohezeiung« arbeiten kann, ist es sinnvoll, ihn als attraktives Ziel zu formulieren. Wir nutzen ihn so als positive Verstärkung unseres Tuns. Haben wir ein positives Ziel formuliert, ist der Veränderungsprozess bereits im Gang. Mit einem klaren Ziel erscheint es viel leichter, das Verhalten so umzuorganisieren. Wichtig ist nur, dass wir wirklich an unser Ziel glauben und es nicht nur deswegen formulieren, weil wir dieses Buch gelesen haben.

Jutta aus unserem Beispiel (S. 9) würde sich dann beispielsweise sagen: »Wenn mein Chef mich das nächste Mal verärgert zu einem Gespräch bittet, werde ich mich ruhig und konzentriert auf den Termin vorbereiten und mich gegen ungerechtfertigte Vorwürfe zur Wehr setzen.«

Etwas leiser würde sie dann hinzufügen:

»Aber in Wirklichkeit kann ich das gar nicht.«

Jutta gibt dem neuen Glaubenssatz nicht die Möglichkeit zu wirken, wenn sie nicht an ihn glaubt. Der Glaube und das Vertrauen in die eigenen Kräfte sind Voraussetzung für eine Veränderung.

Zusammenfassung

Sechster Schritt: Eine positive Einstellung verinnerlichen Wichtige Gedanken

Mit einer positiven Einstellung und der Fähigkeit zu hoffen leben wir entspannter. Haben wir gegenüber anderen Menschen und gegenüber uns selbst eine positive Einstellung, dann entwickeln wir leicht neue Fähigkeiten. Wir können über unsere Angst nachdenken und verstehen, in welcher Situation sie einmal sinnvoll für uns war.

Glaubenssätze leiten unser Denken, Fühlen und Handeln. Stimmen unsere Erfahrungen nicht mit unseren Glaubenssätzen überein, tendieren wir dazu, unsere Wahrnehmung umzuinterpretieren. Möchten wir unsere Glaubenssätze verändern, müssen wir zuerst ihre positive Absicht verstehen.

Siebter Schritt:
Genauer nachfragen

Sprache und Denken fassen wir als Einheit auf. Das, was wir empfinden, und die Art und Weise, wie wir es uns selbst gegenüber oder anderen gegenüber verbalisieren, ist für uns stimmig. Dieses Gefühl trügt uns manchmal. Versuchen wir unsere Gedanken und Gefühle in Sprache zu übersetzen, so wird die Information oft verändert. Während wir Informationen von innen und außen wahrnehmen, filtern wir sie. Auf dem Weg von drinnen nach draußen vollziehen sich oft Prozesse von Generalisierung, Tilgung und Verzerrung. Diese schauen wir uns einmal genauer an.

Wir generalisieren
Gedanken und Empfindungen

Jan beschreibt seine Angst vor Konflikten zum Beispiel so: »Immer wenn mein Chef mit mir über die Arbeitszeit sprechen möchte, werde ich so wütend, dass ich kein ergebnisreiches Gespräch mehr mit ihm führen kann.« Mit diesem Ausspruch *generalisiert* Jan seine Erfahrungen.

Möglicherweise hat Jan bei dem ersten Kritikgespräch gemerkt, wie ihm innerlich die Luft wegbleibt, wenn sein Chef sagt, er finde, ein 10-Stunden-Tag zeuge von keinem großen Engagement und er solle sich nicht so »beamtisch« verhalten. Beim zweiten oder dritten Zusammenstoß sind Jan die Argumente ausgegangen. Er möchte sich am Abend ausruhen und entspannen und die Zeit mit seiner Frau und den zwei Kindern verbringen, um am folgenden Tag wieder kreativ und leistungsfähig am Schreibtisch zu sitzen.

Jan ist nicht dazu bereit, sein Privatleben der Firma zu opfern. Seiner Meinung nach wäre er nicht mehr so kreativ, wenn er vom Schreibtisch aufstünde und direkt ins Bett ginge und vom Bett sich sofort an den Schreibtisch setzen würde. Genau das aber verlangt sein Chef, denn keiner der anderen Mitarbeiter ist verheiratet oder verfolgt neben der Arbeit private Interessen.

Jan fühlt sich wie zugeschnürt. Er sieht keinen Ausweg aus der Situation – außer einer Kündigung. Aber eine neue Stelle zu finden ist auch nicht leicht. So fühlt sich Jan deprimiert und fasst seine Erfahrungen in einer Verallgemeinerung zusammen. Dieses Verhalten macht den Konflikt noch größer, denn Jan hat den lockeren, zuversichtlichen Umgang mit dem Problem verloren. Er konzentriert sich auf seine generalisierten Erfahrungen und gibt der Situation keine Chance, sich zu verändern.

Generalisierungen können hilfreich sein

Generalisieren wir eine Erfahrung, so kann das durchaus eine positive Auswirkung auf unser Leben haben. Verbinden wir beispielsweise mit einem Menschen schlechte Erlebnisse, so werden wir diese Erfahrung so verallgemeinern und abspeichern, dass wir demjenigen nicht wieder unser Vertrauen schenken. Wir bewahren uns so davor, nochmals enttäuscht zu werden. Mit der Fähigkeit zu generalisieren schützen wir uns vor wiederholten schlechten Erfahrungen und streben mehr positive Erlebnisse an. Wir leiten Merksätze für unser Leben ab und finden uns so schneller zurecht. In manchen Situationen führen diese Generalisierungen allerdings zu einem eingeschränkten Weltbild. Sie verhindern neue Erfahrungen.

Bemerken wir, dass wir Angst vor Konflikten haben, weil wir unsere Erfahrungen verallgemeinert haben, dann lohnt es, genau nachzufragen:

Fragen

- Auf welches Erlebnis führe ich meine Angst zurück?

- Vor was genau habe ich Angst?

- Ist die bevorstehende Situation mit der vergangenen vergleichbar?

- Gibt es positive Referenzerfahrungen, die ich generalisieren könnte?

Wir verzerren unser Erleben

In seiner aussichtslosen Lage macht es Jan sich doppelt schwer, indem er seine erinnerte Wahrnehmung zusätzlich *verzerrt*. Anstatt zuversichtlich zu bleiben, gestaltet er die Wirklichkeit um und fokussiert bestimmte Details. Er sagt zu sich:

»Du wirst in deiner Branche nie einen Arbeitgeber finden, bei dem du vernünftige Arbeitszeiten hast. Du musst dich zwischen Ehe und Beruf entscheiden.«

Mit dieser Verzerrung schließt Jan von seiner derzeitigen Situation auf sein gesamtes Leben und malt ein schwarzes Szenario. Er lässt den derzeitigen negativen Aspekt seines Berufes so groß und dominant erscheinen, dass er sein gesamtes Gefühlsleben in Anspruch nimmt. Dadurch wird Jan unflexibel.

Verzerrungen helfen, Prioritäten zu setzen

Auch Verzerrungen können durchaus hilfreich sein. Lassen wir bestimmte Reize unserer Umgebung größer, wichtiger oder bedeutender erscheinen, so ist es uns möglich, sinnvoll zu planen und Prioritäten zu setzen. Wir finden schneller Entscheidungskriterien und können Projekte effektiver angehen und umsetzen.

Genau über diese Fähigkeit verfügt Jan, sonst wäre er nicht in der Lage, seine Projekte so zu strukturieren und durchzuführen, dass er inhaltlich in zehn Stunden die gleiche Leistung erbringt, die seine Kolleginnen und Kollegen in zwölf Stunden erbringen. Unter diesem Gesichtspunkt ist es verständlich, dass der Geschäftsführer sich wünscht, Jan würde noch mehr arbeiten. Natürlich übersieht er dabei, dass dann Jans Leistungsfähigkeit sinken würde, da der private Ausgleich nicht mehr gegeben wäre.

Wenn wir das Gefühl haben, unsere Wahrnehmung zu verzerren, ist es hilfreich, genauer nachzufragen:

Fragen

- Welcher Gesichtspunkt ist es genau, den ich unangenehm finde?

- Wie wahrscheinlich ist es, dass diese Situation mein gesamtes Leben über andauert?

- Wenn es Möglichkeiten der Veränderung gäbe, welche könnten es sein?

Wir tilgen einen Teil unserer Wahrnehmung

Jan fühlt sich wirklich schlecht, denn innerlich diskutiert er Tag und Nacht mit sich selbst und erwägt verschiedene Verhaltensalternativen. Das ist nicht einfach, denn zusätzlich zu der Generalisierung und der Verzerrung wendet Jan auch die Methode der *Tilgung* an: »Mein Chef weiß meine Fähigkeiten nicht zu schätzen«, sagt sich Jan und intensiviert dadurch seine schlechten Gefühle. Tilgungen erkennen wir daran, dass in der sprachlichen Version der Aussage bestimmte Informationen fehlen. Fragen wir uns selbst nach den nicht verbalisierten Details, erreichen wir unsere gewohnte Flexibilität im Denken zurück.

»Welche Fähigkeit genau weiß mein Chef nicht zu schätzen?«, müsste sich Jan fragen und »Was heißt schätzen? Wie merke ich, ob mein Chef eine meiner Fähigkeiten schätzt?« kann sich Jan weiter fragen. Auf diese Weise bekommt er neue Ideen und sieht vielleicht auch eine andere Verhaltensalternative.

> **Durch Generalisierung, Verzerrung und Tilgung verändern wir, was wir wahrnehmen.**

Zugegeben, es ist schwer, in Jans Situation zuversichtlich und optimistisch zu bleiben. Aber mit seinem jetzigen Verhalten wird sich an seinem Verhältnis zu seinem Chef wenig verändern. Jan wird weiterhin sehr unzufrieden und unkonzentriert seinen Zwölf-Stunden-Tag absitzen

und seine Leistungen werden hinter den Erwartungen des Chefs zurück-
bleiben, denn er ist innerlich mehr mit dem Konflikt beschäftigt als mit
seinen Projekten. Die Fehlerquote steigt an.

Jan glaubt, keine Möglichkeit mehr zu haben, konstruktiv über seine
Situation nachzudenken. Er ist unflexibel geworden, denn er hat sein
inneres Modell von der Situation beschränkt.

In Jans Situation sollte er auch seine Tilgungen hinterfragen:

Fragen

- Welche meiner Fähigkeiten schätzt mein Chef nicht?
- Welche Fähigkeiten schätzt er?
- Woher weiß ich, dass er meine Fähigkeiten schätzt?
- Gibt es die Möglichkeit, darüber zu sprechen?

Mit Generalisierungen, Verzerrungen und Tilgungen können wir die
Wahrnehmung von inneren und äußeren Ereignissen verändern. Die Veränderung dieser Wahrnehmung führt zu einem ängstlichen Verhalten,
denn das Problem wird größer und scheint mit den verbleibenden Kräften nicht mehr bewältigt werden zu können.

Zusätzlich erschweren können wir uns die Sache, wenn wir außerdem
davon ausgehen, dass wir genau wissen, was in der Gedanken- und
Gefühlswelt des anderen vor sich geht.

Gedanken lesen

*»Ich weiß genau, was sie jetzt denkt«, sagt sich Simone und
ändert schnell ihre Entscheidung, um von der Freundin Hannah akzeptiert zu werden. Hannah will gerne ein Kleid auslei-
hen, an dem Simone sehr hängt. Oft zieht sie es an, wenn sie
verabredet ist, und fühlt sich den ganzen Abend sehr wohl und
gut angezogen. Sie gibt es nicht gerne her, und das hat sie auch
versucht auszudrücken. Nachdem Hannah sie anschaut, ver-
mutet Simone, dass sie ihr Verhalten kleinlich findet. Oder
Hannah überlegt, warum die Freundin ihr nicht vertraut. Hat*

> *sie nicht immer alles, was sie ausgeliehen hatte, sorgfältig*
> *behandelt und ordentlich zurückgegeben? Außerdem möchte*
> *sie das Kleid nur für einen Abend leihen! Simone ist verun-*
> *sichert und revidiert ihre Entscheidung. Sie leiht Hannah das*
> *Kleid, obwohl diese kein Wort gegen ihre Entscheidung gesagt*
> *hatte. Nachdem Hannah gegangen ist, bereut Simone, das*
> *Kleid aus der Hand gegeben zu haben.*

Simone nimmt an, dass sie weiß, was ihre Freundin denkt. Die Tatsache, dass Hannah nicht sofort antwortet, lässt sie vermuten, dass sie abgelehnt wird. Da sie die Freundschaft nicht gefährden möchte, trifft sie eine Entscheidung, die sie später bereut.

»Meine Angst vor einem Konflikt mit Hannah hat mir einen Streich gespielt«, denkt Simone. Durch ihre Unsicherheit hat Simone versucht, Hannahs Gedanken zu lesen, und ist der Auffassung, dass sie das auch kann. Aufgrund ihrer Annahmen über Hannahs Gedanken hat sie ihr Verhalten verändert.

> **Die meisten von uns sind**
> **keine besonders guten Gedankenleser.**

Gedanken können die meisten von uns nicht besonders gut lesen. Wenn wir davon ausgehen, zu wissen, was eine andere beteiligte Person denkt oder fühlt, führt das meistens zu Missverständnissen. Es ist natürlich nicht unmöglich, dass wir wissen, was der andere denkt oder fühlt. In den meisten Situationen beruhen unsere Annahmen aber eher auf der eigenen Phantasie als auf realen Gegebenheiten. Manchmal sind wir der Auffassung, dass der andere das denken oder fühlen müsste, was wir in seiner Lage denken oder fühlen würden. Wir haben in diesem Moment Schwierigkeiten, uns zu vergegenwärtigen, dass der andere, als anderer Mensch, selbständig denkt und fühlt. Nehmen wir uns die Idee:

> *Der Gesprächspartner denkt und fühlt anders, denn er ist ein*
> *anderer Mensch*

zu Hilfe, fällt es leichter, die innere Distanz zu wahren und einfach nachzufragen, wenn es uns interessiert, wie es im anderen aussieht.

Zusammenfassung

Siebter Schritt:
Genauer nachfragen
Wichtige Gedanken

Im Konfliktfall verändern wir unsere Wahrnehmung. Wir generalisieren unsere Erfahrungen. Das kann manchmal hilfreich sein. In anderen Fällen sollten wir genau prüfen, ob die Generalisierung uns verschiedene Verhaltensmöglichkeiten offen lässt.

Ein Konflikt erscheint besonders dann aussichtslos zu sein, wenn wir zusätzlich unser Erleben verzerren und nicht mehr wahrnehmen, dass die derzeitige Situation nicht unser gesamtes Leben andauern muss. Verzerrungen können uns helfen, Prioritäten zu setzen und unseren Arbeitstag sinnvoll zu gestalten.

Der Umgang mit Konflikten wird auch durch das Tilgen bestimmter Wahrnehmungselemente erschwert. Auch hier gilt es, genauer nachzufragen, denn je mehr Elemente des Konfliktes uns bewusst sind, umso mehr Verhaltensmöglichkeiten stehen uns offen.

Einschränkend auf unser Verhalten wirkt auch die Annahme, wir wüssten, wie der Gesprächspartner denkt und fühlt. Durch eine offene Wahrnehmung und überlegtes und respektvolles Fragen erreichen wir mehr Flexibilität.

Keine Nebensache: Die Gesprächsvorbereitung

Weder Erfahrung noch Sicherheit im Umgang mit Konflikten ersetzen eine gute Gesprächsvorbereitung. Und ab und zu ist es auch nötig, die eigenen Interessen gegen jemanden durchzusetzen, zum Beispiel wenn Sie mehr Lohn wollen. Folgende Punkte sollen bei Ihren Vorbereitungen eine Hilfe sein:

1. Gesprächsziel erarbeiten

Formulieren Sie Ihr Gesprächsziel. Mit welchem Ziel führen Sie das Gespräch? Was möchten Sie gerne erreichen?

2. Minimales Ziel festhalten

Überlegen Sie auch, was Sie in jedem Fall erreichen möchten. Welches ist Ihr minimales Ziel? Auf welche Ziele würden Sie eventuell auch verzichten?

3. Interessen formulieren

Formulieren Sie nicht nur Ihr Ziel, sondern halten Sie auch Ihre Interessen stichpunktartig fest. Vielleicht können Ihre Interessen auch auf einem Weg berücksichtigt werden, den Sie gemeinsam mit Ihrem Konfliktpartner entwickeln werden.

4. Fakten zusammentragen

Notieren Sie Informationen, Fakten, Zahlen, Argumente, die Ihre Forderungen begründen und verstärken.

5. Gegenstandpunkt vorstellen

Versuchen Sie, sich den Standpunkt und die Interessen Ihres Gegenübers vorzustellen. Was will er oder sie durchsetzen? Welche Ziele sind ihm oder ihr wichtig? Wenn Sie sich vorstellen können, was Ihr Gegenüber will, können Sie Ihre Gegenargumente vorbereiten oder auch besonders heikle Fragen umschiffen.

6. Gemeinsame Interessen fokussieren

Suchen Sie nach gemeinsamen Interessen. Nur wenn ein Interessenskonflikt für beide Parteien zufriedenstellend gelöst werden kann, ist das zukünftige Miteinander erfreulich. Überlegen Sie, wo Ihre Interessen und die Ihres Gegenübers zusammentreffen.

7. Bedenkpausen einplanen

Nehmen Sie sich vor, um Bedenkzeit zu bitten, wenn Sie das Gefühl haben, überfahren zu werden oder nicht mehr klar denken zu können. »Ich möchte diesen Vorschlag gerne überschlafen«, ist eine übliche und akzeptable Formulierung.

Acht Regeln für kreatives Streiten

Für kooperatives und kreatives Verhalten im Konflikt gibt es verschiedene Regeln. Manche dieser Regeln eignen sich eher für Streitigkeiten in Paarbeziehungen, andere eignen sich mehr für den beruflichen Bereich. Gehen Sie die folgenden Regeln durch und entscheiden Sie, welche Regeln Sie sich für welchen Konflikt zu eigen machen möchten.

Während wir miteinander sprechen, entstehen automatisch Regeln.

Vielleicht sind Sie auch der Auffassung, dass wir beim Streiten keine Regeln verfolgen sollten. Möglicherweise erscheint es Ihnen »unnatürlich« und »nicht mehr von Herzen kommend«. Mit jedem Streit aber führen wir Regeln des Miteinanders ein, ohne sie explizit zu verbalisieren. Während wir miteinander im Gespräch sind, entstehen automatisch Regeln. Beispielsweise wird festgelegt, ob wir einander ins Wort fallen dürfen. Unterbricht ein Partner den anderen und dieser akzeptiert die Unterbrechung, dann ist es erlaubt, einander ins Wort zu fallen. Die Regeln eines Streits bestimmen die Partner gemeinsam. Einer der beiden verhält sich in einer bestimmten Art und Weise, und der andere akzeptiert es oder hält etwas dagegen.

Ohne mit jedem Streitpartner nun vor der Auseinandersetzung Regeln festlegen zu müssen, können Sie sich einige der folgenden Vorschläge zu eigen machen und sie in dem Gespräch einführen, indem Sie sich dementsprechend verhalten. Erst wenn der Gesprächspartner ein anderes Verhalten wählt, können wir die Regeln thematisieren. Suchen Sie aus der Aufstellung ein paar Regeln für sich heraus, die Sie für sinnvoll halten. Wählen Sie nur diejenigen aus, die zu Ihnen passen und mit denen Sie sich wohl fühlen. Alles andere kann aufgesetzt wirken.

1. Verbalisieren Sie Ihre Gefühle

Gerade in der Partnerschaft wünschen wir uns, dass unser Lebensgefährte unsere Gefühle versteht und respektiert. Wir möchten Freude und Verärgerung teilen und Unterstützung erfahren, wenn wir ängstlich sind. Entscheidend hierfür ist es, wie wir unsere Gefühle verbalisieren. Fühlt

> *Achten Sie darauf, dass Sie Ihre Gefühle*
> *dem richtigen Adressaten mitteilen.*

sich der Partner durch unsere Formulierung angegriffen, wird er nicht mehr in der Lage sein, verständnisvoll zuzuhören.

Achten Sie auch darauf, dass Sie Ihre Gefühle dem richtigen Adressaten mitteilen. Ihre Wut auf den Chef sollte nicht Ihr Partner abbekommen. Entweder Sie teilen Ihre Frustration Ihrem Vorgesetzten mit, oder Sie lassen Ihrer Wut an anderer Stelle freien Lauf, zum Beispiel beim Sport. Ihr Partner ist nicht die richtige Zielscheibe. Natürlich können wir auch einmal beim Partner unser Herz ausschütten. Wir sollten ihn allerdings nicht zu unserem seelischen Müllablageplatz machen und die richtige Zielscheibe für unseren Ärger im Blick behalten. Als kreative Quelle hingegen steht er sicher gerne zur Verfügung. Mit ihm gemeinsam können wir überlegen, wie wir in der Konfliktsituation am besten vorgehen können.

2. Sprechen Sie über Gefühle, nicht über Bewertungen

Manchmal ist es schwierig, zwischen einem Gefühl und einer Bewertung zu unterscheiden. Wenn wir unsere Gefühle in einer Auseinandersetzung vermitteln, hat der Partner einen größeren Reaktionsspielraum. Er ist eher gewillt, liebevoll und verständnisvoll zu reagieren. Allerdings gibt es keine Gewähr dafür, dass sich der andere nicht verletzt fühlt. Lesen Sie, wie Antonia mit ihrem Ehemann über ihre Gefühle spricht. Wie wirkt das Gesagte auf Sie?

> *Antonia sagt zu ihrem Ehemann: »Ich mache mir Sorgen, dass wir die Raten für die Abzahlung unseres Hauses nicht mehr aufbringen können. Mir ist aufgefallen, dass bei unserer letzten Haushaltsaufstellung der Posten für CDs sehr hoch war. Wir haben mehr ausgegeben, als geplant.«*

Sie hätte es in urteilender Form auch so ausdrücken können:

> *»Du verschwendest noch unseren letzten Pfennig. Wenn du weiterhin so viel Geld für CDs ausgibst, gehen wir pleite und müssen unser Haus verkaufen.«*

Mit welcher Art von Gefühlsausdruck könnten Sie als Antonias Mann besser umgehen? Wahrscheinlich mit der ersten Version. Das Problem ist hier eindeutig benannt. Antonia redet nicht »um den heißen Brei herum«. Ihr Mann wird sich über ihre Worte nicht gerade freuen, aber sie werden gemeinsam einen Weg finden, mit den unterschiedlichen Einschätzungen der Situation zurechtzukommen. Bei der zweiten Version würde Antonias Mann sicher verteidigend reagieren und sie seinerseits beschuldigen, zu viel Geld für Geschenke oder Bücher oder was ihm gerade einfällt auszugeben. Er wird versuchen, sich zu verteidigen, auch wenn er ihr in der ersten Situation vielleicht Recht gegeben hätte.
Die zweite Version führt uns schnell von dem eigentlichen Streitthema ab. Wir kommen in eine Spirale von Angriff und Verteidigung. Kommt unser Gegenüber mit solchen Beschuldigungen auf uns zu, ist es ratsam, diesen Gefühlsausbruch behutsam zurückzumelden: »Du machst dir also Sorgen darüber, ob wir die Raten für unser Haus weiterhin zahlen kön-

nen«, ist eine mögliche Aussage, um ein konstruktives Gespräch einzuleiten.

> *Frauen »schlucken« mehr*
> *und reagieren dann oft umso heftiger.*

Nehmen Sie zur Kenntnis, dass der andere sich schlecht fühlt und deswegen so reagiert. In der Regel meint er es nicht so. Er verfügt nur über keine andere Möglichkeit. Durch Ihre verständnisvolle Rückmeldung entdeckt er möglicherweise andere Verhaltensvariationen.

Untersuchungen belegen, dass Frauen eher in dieser heftigen Weise reagieren als Männer. Frauen tendieren dazu, sehr lange zu »schlucken« und nichts zu sagen, bis sie nicht mehr in der Lage sind, ihre Gefühle ohne Anschuldigung zu artikulieren. Überlegen Sie vorher, wie Sie sich ausdrücken möchten. »Was einmal gesagt wurde, kann nicht mehr zurückgenommen werden«, sagt der Volksmund. Er macht deutlich, dass wir Verletzungen zwar vergeben können, dass die Wunden aber nicht ohne Narben abheilen.

3. Vermitteln Sie Ich-Botschaften

Wenn Sie mit Ich-Botschaften anstatt mit Du-Botschaften argumentieren, geben Sie dem anderen nicht das Gefühl, dass er für Ihren Gefühlshaushalt verantwortlich ist. Eine Du-Botschaft beinhaltet immer einen offensichtlichen Vorwurf. Eine Ich-Botschaft vermittelt zunächst nur das, was Sie empfinden.

Antonia ist so enttäuscht darüber, dass ihr Mann sich jeden Luxus leistet, während sie jeden Pfennig für ihr gemeinsames Zuhause zusammenkratzt, dass sie an einem Abend bei Freunden lautstark verkündet, er würde ihr gemeinsames Geld verschleudern und sie beide in den Ruin treiben.

Nach dem Abend bei den Freunden stellt sie ihr Mann zur Rede. Das kann er mit einer Du-Botschaft oder einer Ich-Botschaft tun.

Du-Botschaft: »Du spinnst wohl, mich vor der ganzen Gruppe so runterzuputzen. Die paar CDs setzen doch unser Haus nicht aufs Spiel.«

Ich-Botschaft: »Ich fühlte mich sehr verletzt und vorgeführt, als du die Sache mit den CDs vor der ganzen Gruppe erwähntest.«

Achtung! Eine Ich-Botschaft beginnt nicht einfach mit einem »Ich finde...« oder »Ich habe das Gefühl...«. Die Äußerung: »Ich finde, du hast mich vor der Gruppe blamiert« bleibt eine Du-Botschaft. Sie gibt immer noch dem anderen die Verantwortung für die eigenen Gefühle.

Die Idee beim Vermitteln von Ich-Botschaften besteht darin, die Verantwortung für den eigenen Gefühlshaushalt selbst zu übernehmen, ohne andere zu beschuldigen. Das Formulieren mit Ich-Botschaften kann hierfür eine wichtige Stütze sein.

> ### *Die Verantwortung für Ihre Gefühle liegt bei Ihnen.*

Es sind auch Situationen denkbar, in denen es notwendig ist, eine beschuldigende Du-Botschaft zu verbalisieren. Das darf allerdings nur ein Zwischenstadium sein, um anschließend zu konstruktiven Ich-Botschaften überzugehen.

4. Zeigen Sie Verständnis für die Gefühle des anderen

Wir fühlen uns erst dann erleichtert, wenn wir das Gefühl haben, der andere verstehe uns und bemühe sich, auf das, was wir vorbringen, einzugehen. Zeigen Sie Ihrem Gesprächspartner gegenüber Verständnis. Fassen Sie das, was er sagt, zusammen und überprüfen Sie so, ob Sie ihn richtig verstanden haben.

Das zusammenfassende Nachfragen kann sehr aufgesetzt und papageienartig wirken, wenn wir es als bloße Technik anwenden, ohne uns wirklich dafür zu interessieren, was der andere denkt und fühlt. Erst wenn wir den anderen verstehen wollen und er dieses echte Interesse spürt, kann das zusammenfassende Nachfragen zu einer Klärung der Situation beitragen.

5. Konzentrieren Sie sich auf konstruktive Lösungsmöglichkeiten

Versuchen Sie nicht, dem Partner eins auszuwischen. Das macht wenig Sinn, auch wenn die Verlockung noch so groß ist. Auf Attacken reagiert der andere immer mit Gegenangriffen. Das führt nur zu neuen Verletzungen.

> *Die Dinge der Vergangenheit können wir nicht mehr verändern und brauchen auch keine intensive Auseinandersetzung darüber.*

Konzentrieren Sie sich in Ihrem Gespräch lieber auf zukünftige Möglichkeiten. Die Dinge der Vergangenheit können wir nicht mehr verändern und brauchen auch keine intensive Auseinandersetzung darüber. Es geht nicht darum, dass der andere wörtlich sagt, dass er einen Fehler gemacht hat. Ziel ist vielmehr, einen konstruktiven Lösungsweg für zukünftige Situationen festzulegen.

6. Hören Sie geduldig zu

Geduldiges Zuhören ist eine Fähigkeit, über die nicht viele Menschen verfügen. Eine der bekanntesten Zuhörerinnen ist Momo aus dem gleichnamigen Roman für Kinder und Erwachsene von Michael Ende.

> *In Konflikten sind wir meistens so sehr mit inneren Gedanken beschäftigt, dass wir uns nur unzureichend auf die Gefühle und Bedürfnisse des anderen konzentrieren können.*

Im Gespräch mit Momo kommen alle Menschen auf neue Ideen und können ihre Probleme lösen. Dabei gibt Momo ihnen keinen Rat. Momo kann so gut zuhören, dass ihr Gesprächspartner selbständig eine Lösung finden kann.

Wir sind geneigt zu sagen: »Zuhören? Jaja, das kann ich, kein Problem. Das kann ich.« Wenn wir uns aber einmal intensiv beobachten, stellen wir fest, dass die meisten von uns sehr schlechte Zuhörer sind. Wir können uns oft nur wenige Minuten lang konzentrieren.

In Konflikten sind wir meistens so sehr mit inneren Gedanken beschäftigt, dass wir uns nur unzureichend auf die Gefühle und Bedürfnisse des anderen konzentrieren können. Das geht so weit, dass wir, wenn wir Fragen stellen, die Antwort kaum wahrnehmen, weil wir innerlich mit uns selbst diskutieren. Etwas später stellen wir unter Umständen die gleiche Frage nochmals, da wir die Antwort immer noch nicht kennen. In diesem Fall fühlt sich der andere zu Recht nicht ernst genommen.

Manchmal kommt uns beim Zuhören auch die sogenannte *Stichwortfalle* in die Quere. Wir hören ruhig und gelassen zu, bis der Sprecher ein

Die wichtigsten Regeln des aktiven Zuhörens sind:

- Zusammenfassen, nicht bewerten
- Blickkontakt halten
- Nachfragen

bestimmtes Wort sagt: unser Stichwort. Bei diesem Stichwort springt innerlich die gesamte Rechtfertigungsmaschinerie an, und wir sind nicht mehr in der Lage, uns auf die Gedanken und Gefühle des anderen zu konzentrieren. Entweder geraten wir außer Fassung und attackieren den anderen, oder wir ziehen uns in uns zurück und beschäftigen uns mit uns selbst.

Die Fähigkeit des Zuhörens ist mit konkreten Regeln als das *aktive Zuhören* in die Literatur eingegangen. Und das sind die wichtigsten Regeln des aktiven Zuhörens:

- Zusammenfassen, nicht bewerten
- Blickkontakt halten
- Nachfragen

Mit diesen Fertigkeiten vermitteln Sie Ihrem Zuhörer Akzeptanz. Ein Konflikt hat große Chancen, konstruktiv gelöst zu werden, wenn sich die beteiligten Parteien gegenseitig als Menschen akzeptieren. Am schwierigsten ist es, beim aktiven Zuhören die richtigen Worte für die Gefühle des anderen zu finden.

Ein Beispiel: Antonia meldet ihrem Mann zurück: »Du fühlst dich blamiert, weil ich dich vor den anderen schlecht gemacht habe.« »Nun, blamiert nicht gerade. So schnell kannst du mich nicht blamieren«, antwortet er. »Also gut, du fühlst dich erniedrigt«, versucht sie es im zweiten Anlauf. »Nein, nein, so ist das nicht gemeint, das ist zu hart formuliert.« Damit der andere sich richtig verstanden fühlt, ist es beim aktiven Zuhören hilfreich, folgende Begriffe zur nichtbewertenden Beschreibung der Gefühle des anderen zu benutzen. Sie laufen dann weniger Gefahr, dass sich der andere falsch interpretiert fühlt:

Empfohlene Begriffe:

- verletzt
- glücklich
- erleichtert
- traurig
- besorgt
- ängstlich
- angespannt...

Würde Antonia sagen: »Du fühlst dich verletzt, weil ich dich vor den anderen schlecht gemacht habe«, oder »Du bist besorgt darüber, dass ich dich vor den anderen schlecht gemacht habe«, würde ihr Mann ihr eher zustimmen können.

Beim aktiven Zuhören müssen wir auch aufpassen, dass unsere Zusammenfassung nicht wie einfaches Nachgeplapper wirkt. Würde Antonia sagen: »Du fühlst dich verletzt und vorgeführt, weil ich die Sache mit den CDs erwähnt habe?«, würde ihr Mann sich vielleicht nicht ernst genommen fühlen: »Sag ich doch!!«

Aktives Zuhören sollte die Gefühle und die Vorstellungen des anderen berücksichtigen: »Du möchtest mich bitten, so etwas nicht wieder zu tun?« wäre eine Zusammenfassung der Gefühle, die Antonias Mann mit seiner Äußerung verbalisiert hat.

7. Besprechen Sie Ihre Interessen

Gehen Sie nicht mit unverrückbaren Positionen oder mit vorgefertigten Lösungsmöglichkeiten in den Konflikt.
Besprechen Sie Ihre Interessen und finden Sie in dem Gespräch gemeinsam eine Lösung. Sicherlich können Sie sich vorher Gedanken über verschiedene Lösungsmöglichkeiten machen. Falls Sie gemeinsam keine Idee haben, können Sie Ihre Ideen zur Diskussion stellen.

> *Wie unfruchtbar vorgefertigte Lösungsmöglichkeiten wirken, musste Herbert in seiner zweiten Ehe erfahren. Nach seiner Hochzeit mit Anita mussten zwei Familien zusammenwachsen, denn Anita brachte zwei Schulkinder mit in die Ehe und Herbert hatte eine jugendliche Tochter. Die Kinder konnten sich nicht so schnell an die neue Familie gewöhnen, wie Anita und Herbert es gerne gehabt hätten. Häufig blieben sie am Abend lange weg, hatten unzählige Einladungen zum Abendessen bei Freunden und verkrochen sich in ihre Zimmer. Herbert wollte aber gerne, dass die Familie zusammenwächst, und dachte, das könne mit einem verpflichtenden gemeinsamen Abendessen erreicht werden.*
>
> *Das Ergebnis dieser neu eingeführten Familienregel war, dass jeden Abend drei schlechtgelaunte Kinder am Tisch saßen, die sich regelmäßig stritten. Die Atmosphäre schwappte auf die Eltern über, und die junge Ehe wurde erschüttert. Nach einer Weile gab Herbert auf. Eines Abends sagte er den Kindern, welche Absicht er mit dieser Regel verfolgte. Die Kinder erklärten ihm, dass er das so nie schaffen würde. Auf seine Frage, wie sie denn ihrer Meinung nach zu einer Familie zusammenwachsen könnten, sprudelten die Kinder vor Ideen. Sie entwarfen Pläne für Ausflüge, machten Vorschläge für den nächsten Urlaub, und allein durch diese Planung entstand in der Familie eine andere Stimmung, und das Zusammengehörigkeitsgefühl wuchs.*

Beziehen wir unser Gegenüber mit in den Lösungsfindungsprozess ein, können wir sicher sein, dass er oder sie unsere gemeinsame Entscheidung mitträgt.

8. Trennen Sie Sache und Person

Hinter der Angst vor Konflikten verbirgt sich meistens die Angst vor Kritik. Wir werden nicht gerne kritisiert, vor allem dann nicht, wenn wir alle sachliche Kritik als persönliche Attacke empfinden.

Bei allen kritischen Äußerungen, die wir hören oder die wir selbst formulieren, gilt ein wichtiger Leitspruch: Sache und Person müssen wir trennen.

Angenommen, unser Freund und Lebensgefährte kritisiert uns, weil wir bei Verabredungen meistens zu spät kommen, so sollten wir uns vergegenwärtigen, dass unser Verhalten ihn verärgert. Er hat eine andere Vorstellung davon, wie Verabredungen eingehalten werden sollten. Reagieren wir mit einem erstaunten »Liebst du mich nicht mehr?« oder sagen wir nichts, stellen uns diese Frage aber innerlich, dann haben wir die Sache nicht von unserer Person getrennt. Wir vermischen zwei Ebenen, die nichts miteinander zu tun haben.

> *Fühlt sich der andere als Mensch angegriffen,*
> *kann er nicht mehr flexibel reagieren,*
> *sondern kämpft mit seinen Verletzungen.*

In einer solchen Situation ist es wichtig, sich zu vergegenwärtigen, dass ein neuer Weg des Miteinanders gefunden werden muss, mit dem beide Partner zufrieden sind. Der eine sollte sich nicht verletzt fühlen, weil er auf den anderen warten muss, und der andere sollte sich durch die Kritik dazu ermutigt fühlen, gemeinsam einen neuen Weg zu erarbeiten. Das Thema, ob und wie sehr man sich liebt, steht nicht zur Diskussion. Umgekehrt gilt gleiches. Wir sollten den Partner nicht als einen »Nichtsnutz« beschimpfen, weil er »nicht einmal die Uhr lesen kann«. Formulieren Sie die Kritik nicht persönlich. Fühlt sich der andere als Mensch angegriffen, kann er nicht mehr flexibel reagieren, sondern kämpft mit seinen Verletzungen. Diskutieren wir über die Sache, so können wir entscheiden, welchen Weg des Miteinanders wir wählen möchten.

Zusammenfassung

Die acht Regeln zum kreativen Streiten

1. Verbalisieren Sie Ihre Gefühle

2. Sprechen Sie über Gefühle, nicht über Bewertungen

3. Vermitteln Sie Ich-Botschaften

4. Zeigen Sie Verständnis für die Gefühle des anderen

5. Konzentrieren Sie sich auf konstruktive Lösungsmöglichkeiten

6. Hören Sie geduldig zu

7. Besprechen Sie Ihre Interessen

8. Trennen Sie Sache und Person

Ein Blick in die Zukunft

Konflikte kennen wir alle. Mit unserem Sieben-Schritt-Modell sind wir nun beim letzten Schritt angelangt: der Veränderung des Verhaltens. Haben wir inzwischen ein Bewusstsein von uns selbst entwickelt, kennen wir das eigene Verhalten und die eigenen Gefühle, haben wir gelernt, Spannungen auszuhalten, können wir bewusster wahrnehmen, haben wir eine positive Einstellung mit allen dazugehörigen Glaubenssätzen verinnerlicht und gelernt, uns selbst und andere genau, aber respektvoll zu befragen, dann steht einer Veränderung des Verhaltens nichts mehr im Wege.

Wenn wir alle diese sieben Schritte gegangen sind, können wir uns einfach intensiv beobachten. Mit der Veränderung der Einstellung verändert sich automatisch unser Verhalten. Zunächst in kleinen Schritten, später in größeren Schritten, und irgendwann werden wir nicht mehr verstehen können, dass wir dachten, wir würden niemals zu einer solchen Veränderung in der Lage sein. Wir werden nicht mehr verstehen, warum wir uns einmal anders verhalten haben und so viel Angst vor Konflikten hatten.

Aus jedem zukünftigen Konflikt können wir nur lernen. Nehmen Sie sich nach einer Aussprache die Zeit, in Ruhe Ihre Gedanken, Gefühle und Verhaltensweisen zu reflektieren. Setzen Sie sich für das folgende Streitgespräch ein interessantes Ziel. Suchen Sie nicht zu viele Ziele gleichzeitig aus. Das überfordert, und wir sehen den Erfolg nicht. Wählen Sie eine Kleinigkeit, beispielsweise versuchen Sie beim nächsten Konflikt nicht, sich zurückzuziehen. Gehen Sie, ganz entgegen Ihrer bisherigen Art, einen Schritt nach vorne und vereinbaren Sie mit Ihrem Konfliktpartner einen Gesprächstermin, den Sie in Ruhe vorbereiten werden. Versuchen Sie, mit kleinen Schritten zum Erfolg zu kommen. Ich wünsche Ihnen viel Freude, Kraft und schöne Erfahrungen auf diesem spannenden Weg.

Literaturliste
De Bono, Edward: Konflikte. Düsseldorf 1987
Schiek, Gudrun: Frauen und Konfliktfähigkeit, Essays. Hohengeren 1994
Schott, Barbara/Birker, Klaus: Schüchternheit überwinden. Reinbek 1995
Thomann, Christoph/Schulz von Thun, Friedemann: Klärungshilfe. Reinbek 1988
Ury, William L.: Schwierige Verhandlungen. München 1991
Watzlawick, Paul/Beavin, Janet H./Jackson, Don D.: Menschliche Kommunikation. Bern 1969

Die Deutsche Bibliothek – CIP-Einheitsaufnahme
Motamedi, Susanne:
Richtig streiten – Konflikte lösen / Susanne Motamedi. –
Zürich . Kreuz, 1997
ISBN 3-268-00203-X

1 2 3 4 5   00 99 98 97

© 1997 Kreuz Verlag AG Zürich, P.O.B. 245, CH-8034 Zürich
Umschlaggestaltung: Atelier Reichert, Stuttgart
Umschlagfoto: © PICTOR International, München
Satz: Rund ums Buch, Rudi Kern, Nürtingen
Druck und Bindung: Wilhelm Röck, Graphische Betriebe, Weinsberg
ISBN 3 268 00203 X

Liebeskummer besser bewältigen:

Liebeskummer tut weh. Er gehört zu den härtesten Erfahrungen im Leben. Wer Liebeskummer hat, ist erstmal niedergeschmettert und verzweifelt. Der Kummer hat aber auch positive Seiten: Er macht reifer, tiefer, und wer ihn nicht hatte, hat nicht richtig gelebt. Cornelia Mangelsdorf zeigt, was an Liebeskummer das Gute ist, wie er sich bewältigen läßt und wie man schnell aus dem schwarzen Loch wieder herausfindet.

Cornelia Mangelsdorf
Liebeskummer
Erste Hilfe für
gebrochene Herzen
96 Seiten, Hardcover

KREUZ: Was Menschen bewegt.

Prüfungsängste?

Schon der Gedanke an eine Prüfung löst bei vielen
Menschen Herzrasen, Schweißausbrüche, Alpträume
oder Schwindelanfälle aus – selbst wenn sie den
Anforderungen eigentlich problemlos gewachsen
wären. Und dann klappt es natürlich wirklich nicht,
weil ihnen in der Prüfung rein gar nichts mehr einfällt.
Gerlinde Unverzagt erklärt, was zur Blockade führt
und wie es sich ändern läßt.

Gerlinde Unverzagt
Endlich geschafft!
Prüfungsängste bewältigen
96 Seiten, Hardcover

KREUZ: Was Menschen bewegt.